Sarah Bosetti

ICH BIN SEHR HÜBSCH,
DAS SIEHT MAN NUR NICHT SO

*Von einer, die auszog,
das Scheitern zu lernen*

Rowohlt Taschenbuch Verlag

Originalausgabe
Veröffentlicht im Rowohlt Taschenbuch Verlag,
Reinbek bei Hamburg, November 2017
Copyright © 2017 by Rowohlt Verlag GmbH, Reinbek bei Hamburg
Umschlaggestaltung ZERO Media GmbH, München
Umschlagabbildung Lubitz+Dorner / plainpicture
Satz Pensum Pro OTF (InDesign) bei
Pinkuin Satz und Datentechnik, Berlin
Druck und Bindung CPI books GmbH, Leck, Germany
ISBN 978 3 499 63317 1

Für Daniel

Inhalt

11 Wo ich hinwill
    *Die Rolling Stones, Rubeus
    und die Resignation*

28 Das Scheitern Gottes
    *Gehirn, Darm und
    mein innerer Monk*

51 Scheitern an sich
    *Der Kassierer, Julia Roberts
    und die Austauschbarkeit*

77 Scheitern aneinander
    *Er und Sie, das glückliche Pärchen
    und die Individualität*

105 Scheitern an der Welt
*Popeye, der Feminismus
und die Mitgemeinten*

129 Scheitern am Oben
*Doctor Who, das Ork
und Fifty Shades of AfD*

151 Scheitern am Immer
*Das tote Kaninchen und die
Sache mit der Ewigkeit*

174 Scheitern am Scheitern
*Die Klassenbeste, die Perfektion
und die Weltherrschaft*

«Ich wollte den Durchschnitt aller Dinge erforschen. Doch alle Menschen, Tiere und Pflanzen, die ich durchschnitt, waren sofort tot. Daraus schließe ich, dass Durchschnitt und Sterben nah miteinander verwandt sind.»

– beliebiger Serienmörder

Wo ich hinwill

*Die Rolling Stones, Rubeus
und die Resignation*

16:20 Uhr

«Wo ich hinwill? – Nirgendwohin.

Ich weiß nicht, wieso Leute immer meinen, irgendwohin zu müssen. Sie wollen auf den Mond, ans Ende der Welt und unbedingt noch vor Ladenschluss zu Rewe. Sie wollen im Winter in die Sonne und im Sommer in den Schnee. Sie wollen miteinander ins Bett. Sie wollen auf die oberste Sprosse der Karriereleiter. Sie wollen es weiter schaffen als alle anderen. Und ständig erfinden sie neue Arten, ans Ziel zu gelangen. Mein Bruder hat sich als Kind sogar mal Schwimmflügel an die Füße geschnallt, um über Wasser gehen zu können. Natürlich ist er dabei fast ertrunken, aber trotzdem sagte meine Mutter nachher: ‹Na ja, wenigstens hast du es versucht.›

Ich stand daneben und dachte: Wieso muss man es versuchen, wenn man weiß, dass es sowieso nicht klappt? Wieso lobt einen niemand für die so offensichtlich kluge

Entscheidung, auf festem Grund zu laufen? Wieso kann man das Aussichtslose nicht einfach aussichtslos lassen?

Ich bin zum Beispiel nicht der klügste Mensch der Welt. Das weiß ich. Und ob ich nun Dostojewskis Gesamtwerk lese oder Gebrauchsanweisungen für Staubsauger: Es wird nichts daran ändern. Ich bin auch nicht die schönste Frau der Welt. Ob ich schön bin, hängt immer davon ab, wer gerade neben mir steht. Jetzt gucken Sie mich an und denken: Aha. Eine Frau. Aber stell mich neben Scarlett Johansson, und ich bin Gollum.

Wir sind alle nur so mittel. Und manchmal treffen wir das Mittelmaß, grüßen es freundlich und denken: Wenn ich jemals so werde wie du, nimm einen großen Hammer und hau mich kaputt! Dabei sind wir es längst. Wir sind wandelnde Vergleiche. Ich kann klügere Dinge sagen als Kathrin Oertel – ich habe es versucht, es ist gar nicht so schwer. Ich kann auch ein besserer Mensch sein als Kim Jong-un. Und weniger selbstverliebt als Matthias Schweighöfer. Aber das bedeutet nicht, dass ich auch nur in einem dieser Dinge gut bin. Es gibt bloß immer jemanden, der noch schlechter ist als man selbst. Und leider gibt es auch immer jemanden, der besser ist. Ich bin meinem Freund wahrscheinlich nicht die beste Freundin, die es gibt. Ich bin nur die beste, die er getroffen hat. Natürlich kann ich nicht besser als alle anderen mit ihm küssen, streiten, Serien gucken, schlafen und einschlafen. Es wäre vermessen, das zu glauben. Und im Grunde wissen wir das. Es gibt immer jemanden, der unseren Job besser machen und unsere Rolle besser spielen könnte. Wo sonst kommt sie her, unsere Angst vor dem Verlassenwerden? Es ist der Irrglaube, erst Superlative verliehen den Dingen ihren Wert. Es ist die Angst vor der Austauschbarkeit, die Angst vor dem Scheitern. Und natürlich ist diese Angst berechtigt: Wir alle werden sterben, ohne uns weiter als auf Armeslänge vom Mittelmaß entfernt zu haben. Selbst wenn wir es irgendwann geschafft haben, was immer ‹es› auch sein mag, gilt das nur für heute und nie für morgen. Was wir Erfolg nennen, ist immer von anderen Menschen abhängig, und Menschen sind vergesslich. Wir sind nicht mal im Scheitern außergewöhnlich. Ich habe es versucht. Ich wollte die beste Scheitererin der Welt werden. Ich habe mich *Die Scheitererin* genannt und hatte damit immerhin den schlechtesten Kampfnamen der Welt. Dann habe ich mit allem, was ich hatte, *nichts* getan. Ich war die Motte, die den Mond anguckt und sagt: ‹Nee, ich flieg nicht ins Licht, das ist ja doch wieder nur 'ne Lampe.› Aber niemand war beeindruckt. Ich bin im Scheitern gescheitert, das muss man erst mal schaffen! Und jetzt kommen Sie und wollen wissen, wo ich hinwill? Was geht Sie das überhaupt an?»

Der Taxifahrer guckt mich mit großen Augen an. Ich frage mich, ob ich das gerade alles laut ausgesprochen habe.

«Na ja, das ist halt mein Job», sagt er. «Und wenn ich

ihn schon nicht besser machen kann als alle anderen, dann kann ich Sie ja wenigstens nach Hause fahren.»

Da hat er auch wieder recht. Kluger Taxifahrer. Ich gebe ihm meine Adresse und verspreche, ab jetzt den Mund zu halten. Dann schnalle ich mich an, halte meine Einkaufstüte fest, und wir fahren los.

Es ist der letzte Tag des Jahres, und ich komme gerade von einem Kinderfußballspiel. Nicht, weil das mein Traum einer Silvesternachmittagsbeschäftigung ist, sondern weil ich Freunde habe, die Kinder haben. Und wenn ich mit ihnen befreundet bleiben will, muss ich ab und zu die Kinder angucken und anerkennende Grunzgeräusche von mir geben.

«Ich glaube, Eltern sind sich nie ganz sicher, ob ihre Kinder wirklich existieren», sage ich. «Deshalb werden die Kinder ständig anderen Leuten gezeigt, und wenn die Leute dann ‹Ooh› und ‹Aah› machen, können die Eltern wieder sicher sein, sich das Geschrei nicht nur einzubilden. Wieso sonst sollte man der Welt immer wieder ihre neuen Menschen vorführen? Einen neuen Computer zeigt man seinen Freunden, weil er mehr kann als der alte. Aber Kinder können ja nix. Sogar noch weniger als ihre Eltern.»

«Sie reden schon wieder», sagt der Taxifahrer.

«'tschuldigung», sage ich. «Manchmal schweigt mein Gehirn, und mein Mund redet trotzdem.»

Ich glaube, ich bin schon ein bisschen betrunken. Bei dem Fußballspiel gab es einen Glühweinstand, an dem die

Eltern und ich uns das Spiel interessant trinken konnten. Das war gut für uns, ist jetzt aber schlecht für den Taxifahrer. Alkohol macht mich gesprächig.

«Es wird Sie sicher freuen zu hören, dass mir der Nachmittag auf dem Fußballplatz eine Erkenntnis gebracht hat», sage ich.

Der Taxifahrer guckt auf den Taxameter.

«Solange die Uhr läuft, freut mich alles, was Sie freut», sagt er. Ich beschließe, ihn Rubeus zu nennen. Er erinnert mich ein bisschen an den Harry-Potter-Wildhüter Rubeus Hagrid. Das ist ein Tick von mir. Ich kann mir keine echten Namen merken, also benenne ich Menschen nach fiktiven Figuren. Mein Späti-Mann heißt Doctor Who, weil er immer eine Fliege trägt und aussieht wie eine syrische Version von Matt Smith, und Prinzessin Leia ist meine Bäckerin. Sie sieht zwar nicht aus wie Carrie Fisher, aber ich habe sie mal auf der Straße getroffen, als sie riesige Kopfhörer trug. Da war die Ähnlichkeit plötzlich frappierend.

«Wollen Sie nun meine Erkenntnis hören?», frage ich.

«Unbedingt», sagt Rubeus.

«Manchmal», sage ich, «merkt man erst sehr spät und nur zufällig, dass man an etwas gescheitert ist. Weil man vorher gar nicht auf die Idee gekommen ist, dass man es überhaupt hätte versuchen können.»

«Ach was.»

«Ja», sage ich. «Mir ist heute zum Beispiel aufgefallen, dass ich niemals Profi-Fußballerin sein werde. Das ist ein harter Schlag. Zugegeben, ich wollte auch nie Profi-Fußballerin werden. Ich mag Fußball nicht mal besonders. Aber trotzdem. Es gab eine Zeit, in der ich Profi-Fußballerin hätte werden *können*, wenn ich denn nur gewollt hätte. Mit sieben oder acht Jahren, als mir noch alle Möglichkeiten offenstanden. Ich hätte bloß anfangen müssen, Fußball zu spielen.»

«Hamse aber nich.»

«Doch, einmal. In der Grundschule war ich eine halbe Stunde lang Jürgen Klinsmann. Er war blond, ich war blond – wir waren quasi dieselbe Person. Deshalb durfte ich sogar bei den Jungs mitspielen. Vielleicht aber auch nur, weil ich kurze Haare hatte und mich sowieso alle für einen Jungen hielten. Trotzdem sagten sie nachher nur: ‹Für ein Mädchen spielst du ganz okay.›»

«Das ist doch nett», sagt Rubeus.

«Nein!», rufe ich. «‹Mädchen› war die krasseste Beleidigung überhaupt! Ich frage mich, wie sich das entwickelt hat. Wie beschimpfen sich die genderpolitisch korrekt erzogenen Kinder von heute? Gibt es auf jedem Bolzplatz eine Mädchenquote? Müssen sich die Mädchen dann rechtfertigen, weil ihnen vorgeworfen wird, sie würden aufgrund ihres Geschlechts bevorzugt? Darf man ‹Mädchen› überhaupt noch sagen? Vielleicht heißt das heute ‹Junge mit Genderhintergrund›.»

«Ich weiß nicht», sagt Rubeus. «Ich hab schon lange nicht mehr Fußball gespielt.»

«Ich auch nicht», sage ich. «Weil ich schon nach dreißig Minuten vom Sportplatz geholt wurde und Blockflöte üben musste. Blockflöte! Das ist nicht nur kein Sport, es ist noch nicht mal richtige Musik. Ich glaube, Blockflöten sind eigentlich gar keine Instrumente, sondern Stöcke im Stimmbruch. Trotzdem werden Generationen hilfloser Heranwachsender dazu gezwungen, ihre Jugend daran zu verschwenden. Haben Sie schon mal Blockflöte gespielt?»

Rubeus schüttelt den Kopf.

«Seien Sie froh», sage ich. «Bei mir hatte die Blockflöte vor allem eines zur Folge: Ich weiß jetzt, wie es ist, keine Freunde zu haben. Meine Eltern müssen mich wirklich gehasst haben. Ich wollte Gitarre spielen. Oder wenigstens Klavier. Oder singen. Aber meine Eltern haben gesagt: ‹Schweig, Kind! Hier hast du ein hohles Stück Holz. Puste da rein, das klingt immer noch besser als deine Stimme!› Also hielt ich mich nicht nur vom Fußball fern, sondern auch vom wahren Musizieren und flötete mich stattdessen in die soziale Isolation. Und als mich mein frühpubertärer Trotz endlich gegen den Willen meiner Eltern aufbegehren ließ, war es längst zu spät. Die Musik wollte mich nicht mehr. Ich war das Küken, das aus dem Nest gefallen und von den schmierigen Händen der Blockflöte besudelt war. Zum Glück muss man nicht unbedingt Musik machen, um ein funktionierendes Mitglied unserer Gesellschaft zu werden.»

Rubeus macht das Radio an.

«Muss man nicht?», fragt er.

«Nein, aber man muss zumindest über Musik reden», sage ich. «Das läuft eigentlich immer gleich ab. Sie sagt: ‹Die Stones sind voll der Hammer!›, er sagt: ‹Aber nur die frühen Alben!›, und dann sagen beide zusammen: ‹Alles ab dem vierten Album ist nur noch Kommerzkacke!› Danach lächeln sie sich selig an, stürzen aufeinander zu und haben sofort Sex. Immer. Nur bei mir hat das nie geklappt. Und das bloß, weil ich auf die Frage, ob ich eine bestimmte Band kenne, immer gesagt habe: ‹Kann sein, keine Ahnung, ich kann mir keine Namen merken.›»

Rubeus gähnt und sucht einen neuen Sender. Es läuft irgendein Lied von irgendeiner Band. *You can't always get what you want*, singt das Radio.

«Das war meine erste Begegnung mit dem Scheitern», sage ich. «Dabei mag ich Musik. Ich kann sie hören und gut oder schlecht finden. Ich kann sogar guten Geschmack haben. Musik macht mit mir, was sie mit jedem anderen Menschen auch macht. Ich kann Musik lieben. Aber man liebt nicht mit dem Kopf. Namen merkt man sich mit dem Kopf. Namen von Bands und Alben und Liedern. Und mit dem Kopf lernt man Wörter wie ‹Kommerzkacke›.»

Rubeus dreht das Radio lauter.

– *I saw her today at the reception* –

«Aber meinen Kopf interessiert das alles nicht», sage ich. «Ich weiß nicht, wie Leute das machen. Musikhören ist wie Vokabellernen. Wenn der Lehrer dich erst mal an die Tafel geholt hat, kannst du nicht sagen: ‹Joa, ham mir gut gefallen, die Vokabeln, die würd ich mir auch mal live anhören.› Du musst sie auswendig aufsagen können, sonst glaubt dir keiner, dass du sie kennst.»

– In her glass was a bleeding man –

«Du kannst klug sein und schön, du kannst ein gutes Herz haben oder wenigstens Herzen sammeln an Supermarktkassen oder in Einmachgläsern, es ist egal: Wenn du keine gute Antwort auf die Frage hast, was für Musik du hörst, ist es vorbei. Menschen ohne politische Meinung sind gesellschaftlich akzeptierter als Menschen ohne Musikgeschmack. Du gehörst nicht dazu, du bist unrockbar.»

– She was practiced at the art of deception –

«Früher war das noch ein bisschen einfacher. Da musste man nur *Nirvana* kennen. Ich habe immer behauptet, ich würde mich mit siebenundzwanzig umbringen, und alle dachten, ich hätte Ahnung von Musik. Aber jetzt gibt es neue Bands. Und man muss sie alle kennen. Wenn mich jemand fragt, was für Musik ich höre, denke ich mir inzwischen einfach irgendwelche Bands aus: ‹Wie, du kennst die *Dreieiigen Zwillingsschwestern* nicht? Hattest du keine Jugend, oder was?›»

– Well, I could tell by her blood-stained hands –

«Das Problem ist: Egal, wie bescheuert der Name ist, den ich mir ausdenke, die Bands gibt es alle wirklich. *Die abgestorbenen Gehirnhälften, Fötus Gulasch, Trollkotze.*

Gibt es alle. Es gibt eine Band mit dem Namen *Embryo Bombenteppich*. Da weiß ein Psychologe doch gar nicht, wo er anfangen soll!»

– *You can't always get what you want* –

«Eine nennt sich ganz realistisch *100 % Scheiße*, eine andere heißt *Der Bassist ist ein Arschloch*. Ich habe schon überlegt, meine eigene Band zu gründen. Eine Death-Metal-Band, die nur aus einem Blockflötenorchester besteht. Wir könnten uns *Die Blockflöte des Todes* nennen. Aber die gibt es auch schon.»

– *You can't always get what you want* –

«Ich glaube, die Bands denken sich solche Namen aus, um uns zu verhöhnen. Weil Leute nicht müde werden, ihre Plattensammlungen zur Schau zu stellen.»

– *You can't always get what you want* –

«Und weil sie genau wissen, dass irgendwann, wenn sie mal richtig berühmt sind, in den Wohnzimmern dieser Welt Menschen einander zuraunen werden: ‹Alter, das ist die Limited Edition der ersten Single von *Ultra Vomit*! Und ich kannte die *Amputated Genitals* schon, bevor sie berühmt wurden!›»

– *But if you try sometime* –

«Sie machen sich über uns lustig. Und zu Recht. Weil wir Dinge und Menschen nicht gut finden können, ohne sie uns zu eigen zu machen.»

– *You might find* –

«Weil wir einen Teil ihres Ruhms für uns beanspruchen,

indem wir ihre Songtexte auswendig lernen und behaupten, sie schon immer gekannt zu haben.»

– *You get what you need*

16:33 Uhr

Ich gucke Rubeus an, der über seine trommelnden Finger hinweg trübe auf die Heckscheibe des Autos vor uns starrt.

«Langweile ich Sie eigentlich, oder hören Sie mir zu?», frage ich.

«Ich bin da multitaskingfähig», sagt er und dreht das Radio leiser. «Ich kann mich gleichzeitig langweilen und Ihnen zuhören. Das ist meine geheime Superkraft.»

Ich nicke.

«Gute Superkraft», sage ich. «Aber jetzt hab ich den Faden verloren.»

«Irgendwas mit Musik.»

«Genau!», rufe ich. «Wir projizieren den Erfolg der Bands auf uns, um uns nicht in unserem eigenen Scheitern suhlen zu müssen! Zumindest alle anderen tun das. Alle außer mir. Ich würde auch, aber ich kann mir ja keine Bandnamen merken. Ich kann nur Blockflöte spielen, und das hat nun wirklich noch niemandem geholfen. Vielleicht hätte ich doch besser auf dem Fußballplatz bleiben sollen. Aber jetzt ist es zu spät, ich bin zweiunddreißig.»

«Das ist doch nicht alt», sagt Rubeus.

«Nein, aber zu alt, um noch Profi-Fußballerin zu werden. Ich habe die erste Stufe der Unumkehrbarkeit erreicht. In diesem Leben werde ich keine Astronautin mehr, kein Rockstar und eben auch keine Profi-Fußballerin.»

«Sie armes Ding», sagt Rubeus. «Aber haben Sie eigentlich keine Freunde, denen Sie das alles erzählen können?»

«Rubeus!», rufe ich. «Sie sind aber kein guter Zuhörer! Habe ich Ihnen nicht vor fünf Minuten erzählt, dass ich nur noch Freunde habe, die ihrerseits Kinder ihr Eigen nennen? Und können Sie sich nicht denken, dass jungen Eltern rein gar nichts zu erzählen ist, weil sie selbst ständig erzählen müssen – von laufenden und sprechenden und kotzenden Kindern? Wirklich, Rubeus, wozu rede ich überhaupt mit Ihnen?»

«Wer ist Rubeus?», fragt Rubeus.

«Nicht so wichtig», sage ich. «Wichtig ist: Ich werde niemals Profi-Fußballerin.»

«Schade», sagt Rubeus. «Ein bisschen Sport würde Ihnen bestimmt guttun. Zur Entspannung.»

«Ja, vielleicht», sage ich. «Und Sportler faszinieren mich. Für Kinder ist Sport ja völlig normal. Sie müssen sich bewegen, sonst platzen sie. Für Erwachsene ist Sport ein bisschen wie Sex: Er erinnert einen daran, dass man einen Körper hat. Wenn Sport und Sex nicht wären, würde ich längst bloß noch aus Augen und Fingern bestehen, und meinen Schoß gäbe es nur, damit mein Laptop eine bequeme Unterlage hat. Aber leider ist Sport nicht selten die Voraussetzung dafür, überhaupt jemals Sex haben zu können. Weil er dünn und jung hält.»

Ich gucke Rubeus an. Er ist dick und alt.

«'tschuldigung», sage ich.

«Schon gut», sagt Rubeus. «Ich bin gerne dick und alt. Meine Frau ist auch dick und alt. Sogar meine Kinder sind schon dick und alt. Und all meine Freunde sowieso. Da würde ich sonst gar nicht reinpassen.»

«Wie schön», sage ich. «Dann müssen Sie ja gar keinen Sport machen! Die meisten Erwachsenen machen Sport ohnehin nur zur Selbstentpummelung und Selbstentfaltung.»

«Das ist nicht faszinierend, sondern deprimierend», sagt Rubeus.

«Schon», sage ich. «Aber dafür kann der Sport ja nichts, sondern unser übereifriges Schönheitsideal. Und das Faszinierende an Sportlern ist etwas anderes: Ihr Leben besteht aus Training. Die meisten Menschen gehen zur Arbeit und arbeiten – oder hängen acht Stunden auf Facebook rum. Ihr beruflicher Erfolg hängt davon ab, wie gut sie jeden Tag sind. Aber Sportler gehen nicht zur Arbeit. Sie rennen, schließlich sind sie Sportler. Und dann arbeiten sie nicht, sondern trainieren für ihre eigentliche Arbeit, für die wenigen Momente, auf die es ankommt. Für das nächste Spiel oder den nächsten Wettkampf. Und wenn in diesen wenigen Momenten irgendwas schiefgeht, war das ganze Training umsonst. Sie sind wie Theaterschauspieler. Der Alltag ist nur Probe, und dann kommt die Premiere. Und wenn die Premiere nicht läuft, interessiert es auch niemanden, dass die letzte Probe wirklich total gut war.»

«Das ist auch deprimierend», sagt Rubeus.

«Ich weiß», sage ich. «Und Sportler müssen nicht nur gut sein. Sie müssen die Besten sein. Wer nie gewinnt, ist im Sport nichts wert. Deshalb nennt man den ewigen Zweiten ja auch den ersten Verlierer.»

«Hören Sie jetzt bitte auf, mit mir zu reden», sagt Rubeus. «Ich würde gern mein Leben genießen.»

«Schon gut», sage ich. «Nur eins noch! Ich muss Ihnen doch erzählen, wie ich überhaupt darauf gekommen bin! Vorhin auf dem Fußballplatz nämlich.»

Rubeus nimmt die Hände vom Lenkrad und hält sich die Ohren zu.

«Also», sage ich, «da war das Spiel. Vierzehn Kinder sind abwechselnd über den Ball gestolpert. Und als das Spiel vorbei war, jubelte die eine Hälfte, und die andere Hälfte heulte. Und ein Junge, der gefühlte zwanzig Eigentore geschossen hatte, schlurfte vom Platz und ließ sich direkt neben mir in den Schotter fallen. Sein Vater hob ihn hoch, stellte ihn auf die Beine und sagte: ‹Du hast nicht verloren. Du hast den anderen zum Sieg verholfen. Und damit bist du der beste Mensch auf diesem Platz.›»

Rubeus lenkt mit den Ellenbogen, um die Finger in den Ohren lassen zu können. Das Taxi schlingert über die

Frankfurter Allee, als hätte es mindestens so viel Glühwein getrunken wie ich.

«Ich fand das eine schöne Form der Resignation», sage ich. «Und ganz unrecht hatte er ja nicht. Wieso will der Mensch überhaupt gewinnen? Gewinnen bedeutet nichts anderes als: die anderen besiegen. Vielleicht ist es also Menschenhass, der uns antreibt. Aber wieso bringt einem ein Sieg dann so viel Ruhm und Lob von anderen Menschen ein? Und wieso wollen wir das? Nach einem funktionsfähigen System klingt es nicht. Vielleicht wäre der Welt geholfen, wenn wir ab und zu einander zum Sieg verhelfen würden, anstatt ständig gewinnen zu wollen.»

Die Autos um uns herum hupen. Rubeus summt mit den Fingern in den Ohren vor sich hin.

«Ich mag die Resignation», sage ich über das Hupen hinweg. «Sie ist so gemütlich. Für sie muss man gar nichts können. Sie war einmal mit dem Ehrgeiz im Bett und hat dann gesagt: ‹Streng dich nicht so an, du bist sowieso nicht gut genug.› Sie ist ein Seufzen, das es nie zum ganzen Wort gebracht hat, der Schluckauf der Evolution, die Hufflepuff unter den Lebenseinstellungen. ‹Sollen die anderen doch›, sagt sie. Und natürlich hat sie recht. Sollen die anderen sich doch zum Affen machen! Die Resignation will nicht gewinnen. Sie zweifelt das Spiel an.»

Rubeus lenkt das Taxi mit den Ellenbogen in eine Seitenstraße und fährt dabei den Rückspiegel eines parkenden Autos ab. Es sieht aus, als würden sich die Autos ein high-five geben. Die Reifen quietschen. Ich halte mich an der Einkaufstüte fest, die auf meinem Schoß steht. Sinnvoller wäre es natürlich, mich am Türgriff festzuhalten, aber der ist mir zu voll mit den Keimen all jener, die ihn heute vor mir angefasst haben.

«Ich mag auch die Gescheiterten», sage ich, als ich wieder aufrecht sitze. «Die Verlierer und die Wahnsinnigen, die Suchtaffinen und Kindheitsverarbeiter, die keine Zufriedenheit, sondern nur Glück und Unglück kennen. Ihr Misslingen hat sie schön gemacht. Es gibt kaum etwas Hässlicheres als einen Vierzigjährigen, der zum ersten Mal begreift, dass er nicht alles bekommt, was er will. Wie ein riesiges Robbenbaby ist er, nur ohne dabei süß zu sein. Und mal ehrlich, was bliebe von einem Robbenbaby, wenn es nicht süß wäre?»

«Knochen und leere Augenhöhlen», sagt Rubeus, nimmt endlich die Finger aus den Ohren und lenkt wieder richtig. Wusste ich doch, dass er mir trotzdem zugehört hat.

«Eben», sage ich. «Und deshalb mag ich vor allem diejenigen, die es gar nicht mehr versuchen. Sie sind immer noch süß. Im besten Fall sind sie demütig und im schlimmsten Fall verbittert geworden. Sie gucken die Welt an, die Welt guckt zurück, und beide fragen sich, wieso das alles so kompliziert sein muss. Ich fühle mich ihnen verbunden, weil ihre Probleme so lächerlich sind wie meine eigenen. Und weil ich sie verstehe. Sie sind durchschaubar wie Kinder. Kinder, die sich Schwimmflügel an die Füße schnallen, um über Wasser gehen zu können.»

Wir biegen in meine Straße ein und halten an. Rubeus sieht erleichtert aus. Ich krame mein Geld hervor und bezahle.

«Danke für die schöne Fahrt», sage ich.

«Mhm.»

«Nein, wirklich! Ich habe mich schon lange nicht mehr so gut unterhalten.»

«Sie machen mich traurig», sagt Rubeus.

«Das wollte ich nicht», sage ich. «Aber ich mach's wieder gut. Bei mir zu Hause ist heute Abend eine Silvesterparty, wollen Sie nicht vorbeikommen?»

Rubeus lacht.

«Ach, kommen Sie schon!», sage ich. «Ich verspreche auch, dass ich nicht mit Ihnen reden werde.»

Rubeus startet den Motor.

«Na gut», sagt er. «Wenn mich all meine Freunde versetzen, meine Frau mich verlässt, ich mein gesamtes Telefonbuch durchtelefoniert habe und niemand Zeit für mich hat, dann komme ich vorbei.»

«Sehr gut», sage ich, steige aus und hieve die Einkaufstüte aus dem Taxi. «Ich rechne fest mit Ihnen.»

Das Scheitern Gottes

*Gehirn, Darm und
mein innerer Monk*

Silvester also. Die Nacht der gescheiterten Existenzen und des existenziellen Scheiterns. Die Nacht der Notenverteilung für die letzten zwölf Monate. Das ganze Jahr über leben wir mal fröhlich, mal unfröhlich vor uns hin, und am Silvesterabend fällt uns plötzlich wieder ein, dass das alles nicht gut genug war. Wir haben nicht gut genug gelebt, nicht gut genug gelacht und nicht gut genug geatmet. Wir haben unsere Eltern, Kinder und Freunde vernachlässigt, zu viel oder zu wenig gearbeitet, hatten Sex mit den falschen Leuten und keinen Sex mit den richtigen. Wir waren wieder mal ein Jahr lang zu dick, zu dumm und zu hässlich. Aber das macht nichts, denn das nächste Jahr naht. Und im nächsten Jahr machen wir alles besser!

Die Retrospektive ist eine harte Kritikerin. Das Nachher-Ich weiß so viel mehr als das Vorher-Ich, dass es dessen Dummheit nur schwer verkraftet. Das Einzige, was man vorher wirklich weiß, ist, dass man es nachher schon vorher gewusst haben wird. Deshalb hält in der Retrospektive kaum ein Jahr dem eigenen Urteil stand. Zu viele Tage sind sinnlos verstrichen, zu viele Minuten haben wir mit Scheitern gefüllt. Dabei hatten wir uns doch fest vorgenommen, uns dieses Jahr endlich selbst zu optimieren und ein besserer Mensch zu werden. Niemand will ein schlechter Mensch sein. Leider sind unsere Kriterien für schlechte Menschen nur in der Theorie moralischer Natur. In der Praxis umgeben wir uns nicht ausschließlich mit jenen, die ehrlich, hilfsbereit und selbstlos sind und die durch im Erfinden von Schimpfwörtern höchst untalentierte Menschen neuerdings «Gutmenschen» gescholten werden, sondern vorzugsweise mit witzigen, klugen und schlanken Geschöpfen mit vollem Busen und ebensolchem Haar.

16:42 Uhr

Ich schließe meine Wohnungstür auf, stelle den Einkauf im Wohnzimmer auf dem Sofa ab und gehe ins Bad, um mir die Hände zu waschen. Dabei fällt mein Blick auf das blaue T-Shirt, das seit gestern eingerollt in der Badewanne liegt. Es stinkt nach Verwesung, also ziehe ich instinktiv den Duschvorhang zu. Das hilft natürlich nicht wirklich, aber wenigstens muss ich das Elend jetzt nur noch riechen und nicht mehr ansehen. Als ich zurück ins Wohnzimmer komme, setze ich mich auf den Wohnzimmertisch und streichele meinen Hund. Dann denke ich kurz nach, stehe wieder auf, stelle den Einkauf auf den Tisch und lasse mich aufs Sofa fallen. Die Dinge müssen schließlich ihre Ordnung haben, sagt mein Gehirn. Ich finde Gehirne seltsam. Vor kurzem saß ich beim Arzt und habe im Wartezimmer in einem Anatomiebuch geblättert. Da ist mir aufgefallen: Das Gehirn und der Darm sehen einander unglaublich ähnlich. Das Gehirn sieht aus wie ein in Kopfform gepresster Dickdarm. Und dann kam mir der Gedanke, dass Gott vielleicht bei einigen Menschen genau diese beiden Dinge verwechselt haben könnte. Ich würde das verstehen. Wenn man all die Menschenbausätze vor sich liegen hat und sich fragt, wie die ganzen Einzelteile zusammenpassen, kann es doch mal passieren, dass man Gehirn und Darm aus Versehen falsch herum einbaut. Und dann hat man plötzlich Menschen, die nur Scheiße denken, aber dafür klugscheißen können. Wie logisch einem die Welt erscheint, wenn man das im Kopf behält! Beziehungsweise im Darm, je nachdem, zu welcher Sorte man gehört.

Ich frage mich, ob ich mich bei meinem Gehirn oder meinem Darm für die Idee mit der Silvesterparty bedanken muss. Eigentlich hasse ich Silvester. Ich mag keine Abschiede, keine Neubeginne und kein Feuerwerk. An Silvester ist alles laut und stinkend und schlecht für die Umwelt. Und das Schlimmste ist: Alle haben dabei gute Laune.

Noch schlimmer ist eigentlich nur, wenn niemand gute Laune hat, weil niemand da ist. Silvester ist das U40-

Weihnachten. Eltern finden Weihnachten wichtig, weil es die ganze Familie zusammenbringt. Untervierzigjährige finden Silvester wichtig, weil es den ganzen Freundeskreis zusammenbringt. Außer, man hat keinen. Dann ist Silvester wichtig, um einen daran zu erinnern, dass man sich im neuen Jahr endlich mal Freunde suchen sollte.

Ich habe Freunde. Nur leider keine, die mich mögen. Zumindest mögen sie andere Menschen lieber. Die einen mögen völlig ohne triftigen Grund ihre Kinder lieber als mich und sind nur noch nachmittags bei Kinderfußballspielen anzutreffen, weil sie jeden Abend um acht Uhr tot umfallen, die anderen haben sich gerade frisch verliebt, und zwar nicht in mich, sondern ineinander. Deshalb sind sie irgendwo in die Sonne geflogen, um einander besser angucken zu können. Und sogar Ulf, der sehr wohl verliebt in mich ist, mag seine frisch verstorbene Großtante lieber als mich und fand es deshalb wichtiger, in die Sächsische Schweiz zu fahren und sie dort zu beerdigen, als sich mit mir ins neue Jahr zu trinken.

Das war's. Mehr Freunde habe ich nicht. Vorgestern war das noch anders. Ich hatte einen normal großen Freundeskreis mit allen üblichen Abstufungen von besten Freunden über Umzugshelfer zu losen Biertrinkbekanntschaften und Facebookfreunden. Aber nach dem Kaninchendrama sind nur noch diejenigen übrig geblieben, die das Kaninchendrama nicht mitbekommen haben. Das sind leider nicht viele.

Es ist also Silvester, und ich bin allein. Das wäre nicht schlimm, wenn ich nicht vorhin im Supermarkt Julia Roberts getroffen hätte. Julia Roberts heißt natürlich nicht wirklich Julia Roberts. Ich weiß aber nicht, wie sie wirklich heißt, deshalb brauchte sie einen Namen. Wir sind früher zusammen zur Schule gegangen, hat sie gesagt. Und da früher in meiner Schule fast alle Julia hießen, habe ich sie Julia Roberts genannt.

Es war heute vor dem Kinderfußballspiel. Ich stand am Pfandrückgabeautomaten und hielt die Luft an, wie man an Pfandrückgabeautomaten immer die Luft anhalten sollte, wenn man keinen sehr stinkenden Tod sterben möchte. Vor mir warf eine ältere Dame in Zeitlupe Flaschen ein. Ich kannte die Frau. Jedes Mal, wenn ich Pfandflaschen wegbringen will, steht sie vor mir am Automaten. Sie nahm eine Flasche aus ihrer Plastiktüte, strich kurz zärtlich übers Etikett, atmete tief ein, seufzte und legte die Flasche dann auf das Rollband. Sie wartete, bis es piepte, und griff wieder in ihre Tüte, um dieselbe Prozedur mit der nächsten Flasche zu durchlaufen. So ging es eine ganze Plastiktüte lang. Greifen, streichen, atmen, seufzen, piepen. Sie verabschiedete sich von jeder Flasche wie von einer guten Freundin. Und als die Frau zur nächsten Tüte griff, ging mir die Luft aus. Ich ließ meine eigenen Pfandflaschen stehen und wollte gerade meinen Einkaufswagen umdrehen und fliehen, als Julia vor mir stand.

Ich erinnerte mich überhaupt nicht an sie. Aber sie erinnerte sich an mich, vielleicht reichte das ja. Alte Bekannte sind wie alte Serien. Man hat irgendwann aufgehört, sie zu gucken, weil es keine neuen Folgen mehr gab oder weil sie zu langweilig waren. Und dann stolpert man plötzlich über sie, bei Netflix oder im Supermarkt, und muss wieder einsteigen, irgendwo. Aber man kennt die Charaktere nicht mehr und die Konflikte und die Endgegner. Deshalb guckt man die letzte Folge noch mal, um wieder reinzukommen. Oder redet über die gemeinsame Schulzeit, um sich wieder an die Handlung zu erinnern, an das Wer-mit-wem und vor allem an das Warum. Warum ist es schlimm, wenn Stefan nach Hamburg zieht? Warum ist es gut, wenn sich Julia von Holger trennt? Und heißt Julia wirklich Julia? Man sollte immer wissen, wer Julia heißt. Vor allem, wenn man Julia trifft. Aber auch sonst. Es gibt immer eine Julia, in jeder Serie und in jedem Freundeskreis, und es ist ziemlich wahrscheinlich, dass sie sich von Holger getrennt hat. Das musste ja passieren! Eigentlich haben sie doch nie wirklich gut zusammengepasst, die Julia und der Holger. Findest du nicht auch? Ja, findest du auch. Und jetzt ist Julia also wieder Single. Aber nicht mehr lange, wenn sich Thomas weiter so an sie ranschmeißt. Erinnerst du dich an Thomas? Natürlich erinnerst du dich an Thomas! Ja, das mit dem Ranschmeißen hat er früher auch schon gemacht, an Julia sowieso, aber es gab da auch diese eine Nacht, in der er und Holger

Ich habe also Julia Roberts im Supermarkt getroffen.

«Na, gibst du 'ne Silvesterparty?», fragte sie und zeigte auf meinen Einkauf.

«Wieso?»

«Weil du wohl kaum das ganze Eis, die Pizza, die Chips und, äh», sie hob eine Dose aus meinem Einkaufswagen, «die Schlagsahne allein essen willst, oder?»

Doch, wollte ich.

«Natürlich nicht!», sagte ich.

«Also ist heute Party bei dir?»

«Äh. Ja. Party. Genau. Kommst du vorbei?»

Es war eine sichere Lüge. Wenn jemand Pläne für den Silvesterabend hatte, dann ja wohl Julia Roberts.

Hatte sie nicht.

«Klar, gerne!», sagte Julia. Sie sei gerade von ihrer besten Freundin versetzt worden und wisse gar nicht, wohin mit sich.

Es ist so eine Sache mit den Lügen. Die größte Gefahr ist nicht, dass sie auffliegen, sondern, dass sie wahr werden. Wenn Leute in Beziehungen zueinander sagen: «Ich bin für immer dein», ist das natürlich eine Lüge. Sie wollen niemand anderem als sich selbst gehören. Aber sie sagen es so oft, bis der andere und auch sie selbst es glauben. Und wenn es alle Beteiligten glauben, ist es wahr. Das funktioniert natürlich auch in der Politik. Der momentan mächtigste Mann der Menschheit kennt die Realität nur noch aus Märchenbüchern. Wenn man mit alternativen Fakten um sich wirft, bis die Leute der Wahrheitssuche müde werden, nehmen sie die Lüge irgendwann als Normalzustand an. Und offenbar gilt das Prinzip auch an Silvester. Wenn man genügend Leuten erzählt, man würde eine Party feiern, kann das gelogen sein, wie es will: Am Ende feiert man eine Party.

Ich stand also im Supermarkt, sah Julia dabei zu, wie sie meine Adresse in ihr Telefon eingab, winkte ihr zum Abschied und setzte mich dann auf die Stufe vor dem Kühlregal. Eine Silvesterparty. Na ja, warum nicht? Ich wusste nur nicht, wen ich so kurzfristig noch einladen sollte, schließlich hasste mich seit gestern der Großteil meines Freundeskreises. Zwar hatte ich das Kinderfußballspiel noch vor mir, aber einen Haufen junger Eltern zu einer Party einzuladen war vermutlich aussichtsloser als die echte Julia Roberts.

Die Pfandflaschenfrau hatte sich inzwischen von all ihren Flaschen verabschiedet, schlurfte an mir vorbei und öffnete die Tür zum Kühlregal hinter mir, sodass ich aufstehen musste. Ich sah mich um. Der ganze Supermarkt war voller Menschen. Es gab so viele davon, aber so wenige, die ich kannte, und noch weniger, die ich mochte. Die Pfandflaschenfrau schob mich zur Seite, um die Tür richtig öffnen zu können. Ich sah ihr dabei zu, wie sie im Spinat herumwühlte. Offensichtlich wollte sie eine Packung von ganz hinten haben. Sie war sehr klein und das Tiefkühlregal sehr groß, sodass fast ihr ganzer Arm darin verschwand.

«Wieso nehmen Sie nicht einfach einen von vorne?», fragte ich.

Sie sah mich an.

«Ist es, weil hinten immer die mit dem späteren Verfallsdatum stehen?», fragte ich. «Oder weil die vorderen schon von so vielen unentschlossenen Händen angefasst und wieder zurückgestellt wurden?»

«Weder noch», sagte sie. Inzwischen hing sie mit dem halben Oberkörper im Kühlregal und kam trotzdem nicht an den Spinat, der ganz hinten stand.

«Oder haben Sie ein Faible für unbeachtete Dinge?», fragte ich und zog sie an den Schultern aus dem Regal. «Und wollen dem hintersten Spinat eine Freude machen, weil er nicht mehr zehn Packungen lang warten muss, bis er endlich an der Reihe ist?»

Ich griff für sie ins Regal und reichte ihr den hintersten Spinat. Sie guckte mich einen Moment lang skeptisch an. Dann nahm sie die Packung, warf sie in ihren Einkaufswagen und wandte sich ab. Ich holte einen Zettel und einen Stift aus der Tasche.

«Moment!», sagte ich. «Wollen Sie nicht zu meiner Silvesterparty kommen?»

Sie schüttelte den Kopf.

«Nee, danke.»

«Aber ich war doch gerade total nett zu Ihnen!»

«Trotzdem nich.»

«Es wird wirklich schön!», sagte ich, schrieb meine

Adresse auf den Zettel und reichte ihn ihr. «Ich kann auch irgendwas mit Spinat kochen.»

Sie drehte sich wieder zu mir um, nahm den Zettel und las ihn stirnrunzelnd.

«Hast du Mitleid mit mir?», fragte sie.

«Wieso das denn?»

«Du denkst bestimmt: Och, die arme kleine alte Frau hat sonst niemanden! Nicht mal an ihren Spinat kommt sie alleine, die lade ich mal zu meiner Feier ein! Gib's zu, das denkst du doch!»

«Nicht wirklich», sagte ich. «Ich bin nicht mitleidig, sondern verzweifelt.»

Sie sah mich an.

«Hm», sagte sie. «Wenn das so ist, komm ich vielleicht.»

Dann schob sie ihren Einkaufswagen um eine Regalecke und war verschwunden.

Beflügelt von diesem merkwürdigen Erfolgserlebnis belud ich meinen Einkaufswagen mit Bier, Wein, Wodka, Eiern, Mehl, Zucker, Milch und sechs Packungen Spinat. Anschließend lud ich den Kassierer, bei dem ich den ganzen Einkauf bezahlte, den Späti-Mann, ein frisch verliebtes Pärchen auf der Straße und zum Ausgleich noch ein streitendes Pärchen zur Party ein. Und nach dem Fußballspiel natürlich noch Rubeus, den Taxifahrer.

Das war mein nachmittägliches Einkaufsabenteuer. Und nun sitze ich also zu Hause auf dem Sofa und frage mich, ob Gott bei mir Gehirn und Darm vertauscht hat.

Vielleicht bin ich einer dieser Darmdenkmenschen. Ich glaube, ich bin viel klüger als mein Gehirn. Mein Darm weiß, was er aufnimmt und was er damit tun soll, aber mein Gehirn hat den schlechtesten Spamfilter der Welt. Den Beweis erbringt jeder Arztbesuch. Im Wartezimmer liegt nämlich nicht nur ein Anatomiebuch, sondern steht auch an der Wand entlang eine Reihe Stühle. Und in der Mitte des Raums, wie auf einer Bühne, steht der Empfangstresen. Es läuft also jedes Mal so ab: Eine Patientin kommt rein, erklärt am Empfangstresen im Flüsterton, was sie hat, während alle anderen Wartenden im Kreis um sie herumsitzen und angestrengt versuchen, nicht zuzuhören. Die Sprechstundenhilfe ist dann immer so nett, das Geflüsterte noch mal laut durch den Raum zu rufen, falls es jemand nicht verstanden hat: «Wie lange geht das denn schon mit dem Einpullern, Frau Schmidtchen? Frau Schmidtchen, nun sagense doch mal! Hallo, Frau Schmidtchen! War das letzten Monat schon so? Das muss ja höllisch gebrannt haben mit Ihren Hämorrhoiden! Och, Frau Schmidtchen, nun heulense ma nich, den Scheidenpilz hamwa doch damals auch weggekriegt.»

Dann setzt sich Frau Schmidtchen in eine Ecke und weint still vor sich hin, und alle fragen sich, ob ihr gerade die Demütigung oder die Hämorrhoiden mehr wehtun. Was wahrscheinlich ein bisschen davon abhängt, ob die Hämorrhoiden bei ihr im Darm oder im Gehirn gelandet sind. Und mein Gehirn hat das alles aufgenommen. Dabei will ich das gar nicht wissen. Was soll ich denn damit? Und wenn ich so was höre, denke ich: Vielleicht passiert Gott das mit dem Gehirn und dem Darm gar nicht so selten. Es gibt bestimmt sehr viele von uns. Wir könnten einen Club gründen gegen das Denkmonopol der Gehirne. «Die mit dem Darm Denkenden». Das ist auch eine schöne Alliteration. Oder eine Partei. Die «Aftertiefe für Deutschland».

Vielleicht sollten wir aber auch einfach ganz aufhören zu denken. Die meisten negativen Gefühle kommen von negativen Gedanken. Angst, zum Beispiel. Wer nicht darüber nachdenkt, was so alles Schlimmes passieren könnte, muss sich auch nicht fürchten. Ohne zu viel nachzudenken, kämen wir oft gar nicht auf die Idee, Angst zu haben. Ich habe zum Beispiel mal gelesen, dass es wahrscheinlicher ist, von einem Kühlschrank erschlagen zu werden, als von einem Krokodil gefressen. Dann habe ich nachgedacht. Und seitdem habe ich panische Angst vor Kühlschränken. Kühlschränke sind ja in Deutschland viel häufiger als Krokodile. Es sterben in Deutschland auch viel mehr Menschen durch Selbstmord als durch terroristische Anschläge. Es ist also wahrscheinlicher, dass ich mich umbringe, als dass ein Terrorist mich umbringt. Seit ich darüber nachgedacht habe, habe ich panische Angst vor mir selbst. Dann doch lieber gar nicht denken. Ohne zu denken, kann man nur essen, schlafen und lieben. Und eigentlich sollte das doch reichen.

17:28 Uhr

Ich raffe mich endlich auf und räume den Einkauf in den Kühlschrank. Es ist der einzige Kühlschrank, dem ich vertraue. Mein Alibi-Kühlschrank. Mein «Ich habe nichts gegen Kühlschränke, einige meiner besten Freunde sind Kühlschränke»-Kühlschrank. Nur den Spinat, die Eier und das Mehl lasse ich draußen. Die Pfandflaschenfrau hat es nicht anders gewollt: Ich backe jetzt Spinatmuffins.

Als die Muffins im Ofen sind, hole ich den Mixer aus dem Schrank, um Spinatcocktails zu machen. Immer, wenn ich den Mixer benutze, also ungefähr alle zwei Jahre, fühle ich mich sehr alt. Kein Kind hat einen Mixer, ich muss also erwachsen sein.

Ich finde ein bisschen gruselig, wie viele Gegenstände ich besitze. Es gibt mir das Gefühl, für sie verantwortlich zu sein. Sie sind ja meine Leibeigenen, eigentlich müsste ich mich um sie kümmern. Immer, wenn ich mein Fahrrad angucke, habe ich Angst, dass es dick wird, weil ich es nicht genug bewege. Und letzte Woche habe ich in der hintersten Ecke des Küchenschranks entdeckt, dass ich sogar ein Käseschneidebrett besitze. Ich erinnere mich nicht daran, das Ding jemals benutzt oder auch nur gekauft zu haben, und noch weniger an das Warum. Das passiert mir ständig. Ich laufe in unserer Wohnung umher und finde Dinge. Bei mir ist immer Weihnachten. Vor zwei Wochen habe ich eine CD von Daniel Küblböck gefunden. Im Schlafzimmer. Ich wusste gar nicht, dass ich das kann, mit Daniel Küblböck in einem Raum schlafen. Vor allem aber frage ich mich, was passiert sein muss, damit jemand oder gar ich selbst jemals denken konnte, der Besitz einer Daniel-Küblböck-CD würde mein Dasein erträglicher machen. Ich will die CD nicht haben. Aber ich kann sie auch nicht wegschmeißen, weil ich den Mülleimer mit Respekt behandeln will. Zum Glück wohne ich nicht allein. Zur Not kann ich mir also immer einreden, dass die ganz schlimmen Dinge nicht mir, sondern Ulf gehören.

Menschen mögen Dinge. Und ich verstehe das. Dinge lassen sich formen und benutzen und angucken und anfassen und kaputt machen und beschimpfen. Sie können, was andere Menschen nicht dürfen: uns gehören. Sie sind wie Minions, die wir um uns versammeln im Kampf gegen den Endgegner Zeit. Sie sind Henkel, an denen wir die Welt festhalten. Ich weiß nicht, wieso Menschen angefangen haben, Dinge zu besitzen, aber es hat sicherlich schon immer etwas mit dem Überleben zu tun gehabt und mit Status und Macht, ist also offenbar menschlich, denn Überleben und Status und Macht finden wir ja irgendwie alle ganz gut. Aber manchmal frage ich mich, wer wen besitzt: wir die Dinge oder die Dinge uns? Hunde im Tierheim haben Anspruch auf sechs Quadratmeter, damit sie wenigstens ein bisschen hin und her laufen können. Ulf und ich wohnen zu zweit auf fünfzig Quadratmetern und finden das klein. Dabei will ich gar nicht hin und her laufen. Stell mir einen Schreibtisch und ein Klo in die Küche, und ich verbringe neun Stunden meines Tages auf einem Quadratmeter! Die restlichen neunundvierzig Quadratmeter sind nicht für uns da, sondern für die Dinge, die wir zu brauchen glauben. Wenn wir zu viele Dinge haben, schmeißen wir nichts weg, sondern fahren zu Ikea und kaufen uns neue Dinge, in denen wir die alten Dinge aufbewahren können.

Wenn meine Dinge Kinder wären, wäre ich eine furchtbare Mutter. Ich würde alle paar Jahre mal in den Schrank gucken, in dem sie sitzen, und sagen:

«Ach, huch, du bist ja auch noch da!»

Ich stelle den Mixer wieder ab. Er deprimiert mich, und Spinatcocktails kann ich auch später noch machen. Stattdessen lasse ich mich aufs Sofa fallen und rufe Ulf an.

«Hey», sage ich. «Ich wollte dich nur zu meiner total hippen Silvesterparty einladen.»

«Gehören zu einer Party nicht mehr als eine Person?», fragt Ulf.

«Ja, und?»

«Na ja», sagt er. «Ich kann nicht, also bist du doch allein, oder?»

«Willst du etwa sagen, dass ich keine Freunde habe?»

Ulf zögert.

«Sagen wollte ich es nicht. Ich dachte, das wüsstest du auch so. Nach der Sache mit dem Kaninchen, weißt du?»

«Ja, weiß ich», sage ich. «Aber ich hab Vertretungen für euch gefunden: den Späti-Mann, den Kassierer aus dem Supermarkt, meinen Taxifahrer von vorhin ...»

«Wow», sagt Ulf. «Ein Dienstleistungssilvester.»

«Findest du es nicht seltsam», frage ich, «dass wir einige dieser Leute fast täglich sehen und sie überhaupt nicht kennen?»

«Ja, schon», sagt Ulf. «Aber sei nett zu ihnen, sonst müssen wir morgen umziehen, weil wir uns in kein Geschäft mehr in der Nähe trauen.»

Darüber hatte ich noch gar nicht nachgedacht. Verdammt. Jetzt darf es also nicht einfach eine Party sein. Es muss auch noch eine gute Party sein.

«Ich muss wieder los», sagt Ulf. «Weiter den Tod feiern.»

«Ach ja, wie geht's denn deiner Familie?»

«Die Einzige, die sich hier nicht streitet, ist meine Großtante.»

«Die, die gestorben ist?»

«Genau», sagt Ulf. «Ich hab schon überlegt, ob ich alle dafür bezahle, nett zueinander zu sein. Aber leider bin ich dafür nicht reich genug.»

Armer Ulf. Da hat er so eine gute Idee, um Familienzusammenkünfte erträglich zu machen, und dann hat er nicht genug Geld für die Umsetzung. Vielleicht sollte ich eine Crowdfunding-Kampagne starten. Aber erst mal muss ich aufräumen, weil heute Abend ja Fremde in die

Wohnung kommen. Wenn ich mit meinen Freunden feiern würde, könnte ich einfach alles so lassen, wie es ist. Die Qualität einer Freundschaft verhält sich umgekehrt proportional zur Zeit, die man für den anderen aufräumt, wenn er zu Besuch kommt. Eine gute Freundschaft muss auch mal eine zwischen dem Abwasch liegende dreckige Socke aushalten.

Ich lege also auf und begebe mich an die Arbeit.

«Was machen Sie denn da?», fragt meine neue Nachbarin durch die offene Wohnungstür.

«Aufräumen», sage ich. Wie immer, wenn ich die Wohnung aufräume, habe ich extra die Tür zum Hausflur offen gelassen, damit mir zwischendurch Leute zugucken und mich anfeuern können.

«Oh», sagt sie. «Das hamse aber noch nicht so oft gemacht, oder?»

Ich vermute, sie spielt auf den Staubwedel in meiner Hand an, mit dem ich das Staubsaugerrohr reinige.

«Im Gegenteil!», sage ich. «Manchmal habe ich das Gefühl, dass das alles ist, was wir im Leben tun: ordnen. Wir sortieren die Dinge so, wie sie uns passen. Die Margarine in den Kühlschrank, den Hund ins Körbchen, das Geld in unsere Taschen, die Hecke um den Garten. Wir machen Putzpläne und Speisepläne und Lebenspläne, um uns dann mit unseren Freunden darüber zu unterhalten, wie anstrengend es ist, ständig Pläne zu befolgen. Wir sind so durchstrukturiert, dass wir uns schon chaotisch fühlen, wenn wir in unserer Tasche nicht sofort den Haustürschlüssel finden. Dabei finden wir ihn nur deshalb nicht sofort, weil die Tasche riesengroß ist, damit wir alles mitnehmen können, was wir eventuell im Kampf gegen die chaotische Welt da draußen gebrauchen könnten. Wir fürchten das Chaos. Wir fürchten die Unvorhersehbarkeit. Und zugleich fürchten wir die Langeweile, die sich einstellt, wenn alles seine Ordnung hat. Vor irgendwas haben wir immer Angst. Und wenn uns wirklich kein Grund einfällt, Angst zu haben, kriegen wir Angst davor, irgendwann wieder einen Grund zur Angst zu bekommen.»

«Hm», sagt meine Nachbarin. «Aber Sie sind doch bestimmt genau wie ich in der weißen deutschen Mittelschicht aufgewachsen. Was wissen Sie schon über die Angst?»

«Wahrscheinlich gar nichts», sage ich. «Aber Angst ist eben selten so vernünftig, nur dahin zu gehen, wo sie gebraucht wird. Ich glaube, ihr ist in Deutschland einfach ein bisschen langweilig. Unser Leben ist zu sicher. Wir haben Käfige für die Löwen und Pillen für die Krankheiten. Wir haben Castingshows für die Verzweifelten und Bühnen für die Wahnsinnigen. Wir haben Polizei und Satire und Freiheit und Gefängnisse. Wir brauchen die Angst nicht. Sie ist an sich selbst gescheitert. Sie ist unser Blinddarm. Zwar ist sie bei uns allen standardmäßig eingebaut und war in einem früheren Leben mal sinnvoll, aber inzwischen gibt es einfach keine ernst zu nehmende Aufgabe mehr für sie. Also wird sie kreativ, die Angst, und sucht sich ihre Aufgaben selbst. Der Fluchtreflex schläft ein und wacht als Phobie oder Panikattacke oder Neurose wieder auf. Wenn wir früher Futter für Raubtiere waren, so sind wir es heute entweder für Demagogen oder für Psychologen.»

«Ja, kann sein», sagt die Nachbarin. «Und dann sortieren die Psychologen die Ängste in Kategorien ein. Sie ordnen sie. Denn wenn wir etwas nicht wollen, dann ist es Chaos in unserem Leben, stimmt's?»

«Äh, genau», sage ich. «Aber anstatt mir hier einen pseudophilosophischen Vortrag zu halten, hätten Sie mich auch einfach anfeuern können.»

Die Nachbarin wirft mir einen irritierten Blick zu, dann geht sie weiter die Treppe runter.

Natürlich hat sie recht. Ich kenne die Angst fast nur in ihrer sinnlosen Form. Ich züchte Neurosen. Mich im Taxi nicht am Türgriff festhalten zu wollen ist noch mein kleinstes Problem. Zum Beispiel mag ich es nicht, wenn Fernbedienungen auf mich gerichtet sind. Ich denke dann, dass sie mich umschalten oder ausschalten könnten. Ich muss Treppen so hochgehen, dass ich mit dem linken Fuß oben ankomme. Ich bin Auf-Fugen-Treterin. Ich habe Angst, Menschen anzufassen, die ich nicht mag. Oder Türklinken. Meine Ärmel müssen sich wie Türklinkenwischlappen fühlen. Ich habe mal einen Fünfeuroschein weggeworfen, weil ihn jemand angefasst hatte, den ich eklig fand. Vor manchen Menschen ekle ich mich so sehr, dass ich nicht einatmen will, während ich sie anschaue. Ich zähle alles. Ich hasse die Zahl Fünf. Und deshalb hasse ich Leute, die an Türen klopfen. Vielleicht ist es das, was die Menschheit eint: Alle Menschen, immer und überall, klopfen genau fünfmal, um irgendwo eingelassen zu werden. Wenn ich die Zahlenfolgen 747 oder 737 sehe, habe ich Angst, mit dem Flugzeug abzustürzen. Ich habe sowieso ständig Angst, mit dem Flugzeug abzustürzen, obwohl ich nie in Flugzeugen sitze.

Gib mir irgendwas, und ich mache einen Zwang daraus. Ich habe mal in einem Buch gelesen, dass es Menschen gibt, die sich die Schuhsohlen waschen, wenn sie an einem Friedhof vorbeigegangen sind, damit der Tod nicht an ihnen haftet. Ich weiß, dass das Unsinn ist, aber ein kleiner Teil von mir will es sofort nachmachen. Ich habe einen inneren Monk. Also keinen Mönch, obwohl das viel witziger wäre, sondern einen Adrian Monk, den neurotischen Privatdetektiv aus der gleichnamigen Fernsehserie, der von seiner Assistentin jedes Mal ein Taschentuch gereicht bekommt, wenn er jemandem die Hand geschüttelt hat. Leider habe ich keine Assistentin. Und ich wäre keine besonders gute Detektivin. Ich würde wahrscheinlich die Tatwaffe waschen, weil ich die ganzen Fingerabdrücke eklig fände.

Neurosen sind lustig. Sie sind wie Regeln zu einer eigenen Welt. Einer einfachen Welt mit einfachen Gesetzen und einfachen Strafen. Es ist leicht, in dieser Welt zu funktionieren. Es ist eine gute Welt. Wenn ich mir die Hände nicht wasche, bin ich verseucht? Dann wasche ich mir eben die Hände – so einfach ist es, alles richtig zu machen. Im echten Leben ist es fast nie einfach, alles richtig zu machen. Manchmal würde ich lieber in dieser anderen Welt leben. Der Makel der anderen Welt liegt nicht in ihrer Beschaffenheit, sondern in der Tatsache, dass sie nicht real ist. Sie ist wie eine verpixelte Version unserer Welt. Sie ist wie ein Computerspiel von vor dreißig Jahren. Sie ist weniger komplex, was verlockend ist, denn Menschen sind keine Freunde der Komplexität. Die Welt ist uns zu sehr HD geworden. Wir wollen wieder Pixel sehen. Und diese Pixel sollen sich entscheiden, ob sie schwarz oder weiß sein wollen. Niemand mag uneindeutiges Grau. Sätze sollen kurz sein und Gedanken einfach. Wir wollen Zugänglichkeit. Wir lesen keine Lyrik und keine AGB, wir lesen Comics und Krimis und die Interviews im Playboy.

Auch andere Menschen scheitern an der Komplexität unserer Welt, gehen aber anders damit um. Sie verlieren sich in Ballerspielen oder in Liebesschnulzen, trinken sich alle Frauen gleich schön, reden sich alle Ausländer gleich schlecht oder hassen alle Männer gleich stark. Ich verstehe das alles. Die Welt ist größer als wir und ziemlich schlecht erzogen. Sie hört nicht auf uns und verlangt trotzdem, dass wir mit ihr klarkommen. Sie könnte ruhig einfacher sein. Aber was einfach ist, ist eben selten wahr. Wir mögen die Komplexität nicht, aber wir brauchen sie. Alles, was wichtig ist, ist vielschichtig. Wer Einpark-Witze macht, sagt nichts Wahres über Frauen. Wer Mauern bauen will, bietet keine wahren politischen Lösungen. Und wer sich den Tod von den Schuhsohlen wäscht, wird dadurch nicht wahrhaft unsterblich. Obwohl, wer weiß. Vielleicht wäre Ulfs Großtante noch am Leben, wenn sie nur ordentlich ihre Schuhe geputzt hätte.

19:12 Uhr

Irgendwie bin ich wieder auf dem Sofa gelandet. Ich rufe Ulf an.

«Du schon wieder», sagt er.

Ich ignoriere seine herzliche Begrüßung.

«Ich wollte mir Lob abholen», sage ich.

«Wofür?»

«Dafür, dass ich die tote Maus aus dem Staubsaugerrohr gefischt habe.»

Ulf lacht.

«Du bist eine tapfere Heldin», sagt er.

«Vielleicht», sage ich, «ist Sterben die ultimative Form des Scheiterns. Weil es so endgültig ist. Und weil dann alles weg ist, wofür man gearbeitet hat. Statt in einem großen Haus zu wohnen, liegt man in einer engen Holzkiste.»

«Oder einem Staubsaugerrohr», sagt Ulf.

«Genau», sage ich. «Und alle Freunde machen ohne einen weiter. Sofern man denn Freunde hatte.»

«Wow, du bist ja gut drauf», sagt Ulf. «Hat das mit der Maus zu tun? Oder mit dem Kaninchen?»

Natürlich hat es mit dem Kaninchen zu tun. Plötzlich hat alles mit dem Kaninchen zu tun.

«Ach Quatsch, weder noch», sage ich. «Silvester ist einfach ein guter Tag, um darüber nachzudenken, wie deprimierend die Welt ist. Deshalb freu ich mich fast ein bisschen auf heute Abend. Auf einer Silvesterparty kann man das Scheitern in all seinen Formen und Farben beobachten. Woran gerade gescheitert wird, hängt nur von der Uhrzeit ab. Zwischen acht und zehn Uhr kommen diejenigen, die an sich selbst scheitern. Zwischen zehn Uhr und Mitternacht kommen diejenigen, die aneinander scheitern. Und nach Mitternacht kommen nur noch die, die längst an der Welt gescheitert sind.»

«Soso», sagt Ulf.

«Und wenn man sie aufmerksam beobachtet», sage ich, «die Silvesterfeierer, wie sie ihre Wunden lecken, ihren Träumen beim Platzen zuhören und ihre Niederlagen in Regale einordnen, wenn man sie studiert und von ihnen lernt, dann kann man an einem Abend das Scheitern in all seinen Leveln durchspielen.»

«Du solltest einen Ratgeber schreiben», sagt Ulf. «‹Scheitern an sich, aneinander und an der Welt – in drei Schritten zur Erfolglosigkeit!›»

«Gute Idee», sage ich. «Wird bestimmt ein Kassenschlager.»

Scheitern an sich

*Der Kassierer, Julia Roberts
und die Austauschbarkeit*

Im ursprünglichen Wortsinn steht «Scheitern» für das Zerschellen eines Schiffs. Nicht Stranden, Zerschellen. Das Ding muss kaputtgehen, sonst zählt es nicht. An sich ist es also unmöglich, an sich zu scheitern. Man braucht mindestens eine Felswand, an der man sich zu Scherben rummsen kann. Den Fels in der Brandung sozusagen, der uns die Sicherheit gibt, dass wir, auch wenn wir sonst wirklich gar nichts auf die Reihe kriegen, immerhin eines jederzeit können: scheitern. Man braucht schlechte Sicht, defekte Navigationsgeräte und ein stürmisches Meer. Aber das mittlere Leben mitteleuropäischer mittelständischer Mittdreißiger ist kein Meer, sondern ein idyllischer, fast wellenfreier See, auf dem es erstaunlich viele besagter Mittdreißiger trotz allem schaffen, an sich selbst zu scheitern. Sie zerbersten einfach plötzlich und ohne erkennbaren Grund in tausend Stücke. Sie leben ihr doch eigentlich so bequemes Großstadtleben und finden zwischen Netflix und Lieferservice einfach nichts, woran sie sich stören können. Und es ist verstörend, wenn nichts stört. Manchmal vergehen Wochen, in denen mein größtes Problem darin besteht, dass auf der Pizza, die ich bestellt habe, drei Paprikaschoten liegen und ich Paprika schon ein bisschen, aber auch nicht so richtig mag. Was soll ich denn da tun, wenn nicht mich selbst verachten?

Selbstverachtung ist alles, was uns bleibt. Es mangelt uns an nichts, also muss es uns wenigstens an Liebe mangeln. Außerdem haben wir, wenn wir ehrlich sind, einfach nichts Besseres zu tun. Wir müssen nicht auf die Jagd gehen, um zu überleben, keine Beeren sammeln und kein Haus bauen. Wir brauchen kein Feuerholz, und wenn doch, dann nur, weil wir uns gerade diesen total feschen Designholzofen gekauft haben. Und wir müssen das Holz nicht hacken, denn es wird in perfekter Designholzofengröße geliefert. Aber wir wollen Holz hacken. Wir wollen ums Überleben kämpfen und Welten entdecken und Bären erlegen. Wir wollen Abenteuer. Zumindest ein kleiner Teil von uns will das. Der weitaus größere Teil von uns ächzt schon, wenn er vom Sofa aufstehen und zur Tür gehen muss, weil die Pizza oder das Holzofenholz geliefert wird.

19:59 Uhr

Es klingelt.

Ich ächze, weil ich vom Sofa aufstehen und zur Tür

gehen muss. 20 Uhr habe ich gesagt. Natürlich klingelt es um 19:59 Uhr! Es gibt immer einen, der zu früh zur Party kommt. Ich versuche zu erraten, wer es sein könnte. Doctor Who, der Späti-Mann? Wohl kaum, er muss ja noch arbeiten. Das streitende Pärchen vielleicht, damit es in Ruhe bei mir weiterstreiten kann. Wer immer es ist, soll mir jedenfalls beim Aufräumen helfen. Das ist die gerechte Strafe dafür, zu früh hier aufzutauchen.

Es ist der Kassierer aus dem Supermarkt.

Ich weiß noch gar nicht, wie ich ihn nennen soll. Vielleicht taufe ich ihn einfach «Kassierer». Er könnte ja nach der Band *Die Kassierer* benannt sein, auch wenn er so gar nicht zu ihr passt. Er hat zum Beispiel keinen dicken Bauch. Außerdem ist er höchstens fünfundzwanzig. Und ich kann ihn mir nicht so recht vorstellen, wie er nackt auf einer Bühne grölt: «Das Schlimmste ist, wenn das Bier alle ist!» Obwohl das wahrscheinlich sogar stimmt, bei ihm im Supermarkt.

«Hallo», sagt der Kassierer, als er in der Türöffnung steht. Er streckt mir eine Flasche Sekt entgegen.

«Komm rein», sage ich. Er tritt über die Schwelle. Mein Hund knurrt. Sofort stolpert der Kassierer zurück in den Hausflur.

«Der tut nix», sage ich. «Er tut nur so.»

Der Kassierer guckt den Hund an, dann mich, dann wieder den Hund.

«Komm jetzt rein», sage ich.

Er guckt immer noch. Dann holt er tief Luft, als würde er sich auf einen Tauchgang vorbereiten, und tritt wieder über die Schwelle. Mein Hund hört auf zu knurren. Aus Langeweile, vermute ich. Oder aus Resignation.

Der Kassierer zieht seine Jacke aus, hängt sie an der Garderobe auf und schnürt dann umständlich seine Schuhe auf. Als er beide Schuhe ausgezogen hat, sage ich: «Ach, die kannst du auch anlassen.»

Er guckt mich an.

«'tschuldigung», sagt er. Dann beginnt er, seine Schuhe ebenso umständlich wieder anzuziehen.

Ich muss Zeit schinden, bis der zweite Gast kommt. Die Luft riecht nach peinlicher Stille. Ich habe nie begriffen, warum das so ist. Wieso hat man sich mit einigen Menschen nichts zu erzählen und kann zugleich unmöglich mit ihnen schweigen? Was ist so peinlich an peinlicher Stille? Vielleicht schämen wir uns vor diesen Menschen für unsere bloße Existenz. Und ich glaube, das hat gar nicht unbedingt mit mangelnder Sympathie zu tun. Jemanden nicht zu mögen ist ja nicht unbedingt peinlich. Wenn man jemanden nicht mag, redet man halt nicht mit ihm. Peinliche Stille hat vielmehr mit zu geringer oder zu großer Ähnlichkeit zu tun. Entweder ist man in all seinem Denken und Handeln so verschieden, dass man gar nicht weiß, wo man seine Gedanken einhaken soll, oder man ist so gleich, dass man sich vom ersten Moment an gegenseitig langweilt. Die Ähnlichen durchschauen einen. Man fühlt sich von ihnen ertappt bei den Mitteln, die man normalerweise einsetzt, um soziale Situationen zu überstehen. Bei jedem schlechten Witz, der die Stille überbrücken soll, und bei jeder Haarsträhne, die man sich aus dem Gesicht streicht, um, wenn schon nicht sympathisch, dann doch wenigstens attraktiv auf sein Gegenüber zu wirken. Und wenn man seiner gewohnten Hilfsmittel beraubt ist, kann man plötzlich nichts mehr. Nur noch still dastehen und verlegen lächeln kann man. Und darauf warten, dass endlich eine dritte Person kommt, die einen erlöst.

Ich hasse es, wenn Menschen mich durchschauen wollen. Ich finde das so anmaßend. Und so sinnlos. Was glauben die Leute denn, was sie finden, wenn sie hinter meine Fassade gucken? Da ist dasselbe, was hinter jeder anderen Fassade auch steckt: Dämmplatten, Mauerwerk, ein bisschen Wahnsinn und die üblichen Ängste. Menschen sind sich hinter ihren Fassaden ähnlicher, als sie zugeben wollen. Und das macht sie so gruselig. Sie sind so gleich, dass sie immer nur ihre Unterschiede sehen. Sie machen komische Geräusche beim Sex, die man ihnen auf der Straße gar nicht zutrauen würde. Sie sehen lustig aus, wenn sie nackt sind. Sie haben Nasen. Sie gehen auf zwei Beinen und fallen gar nicht so oft um, wie sie könnten. Sie laufen auf dem Bürgersteig genau aufeinander zu und wissen dann nicht, wie sie aneinander vorbeikommen sollen. Ihre Augen zucken, wenn sie nervös sind. Sie gucken *House of Cards*. Sie führen ihren Hund aus. Sie führen

Krieg. Sie hacken einander die Köpfe ab. Sie machen sich gegenseitig die Häuser kaputt und das Selbstwertgefühl. Sie tragen Toupets. Sie lachen. Sie schreiben Bücher. Sie erfinden selbsttrocknende Waschmaschinen. Sie essen Tiere. Und Pflanzen. Sie fühlen sich unvollständig, wenn sie allein sind. Sie brauchen einander. Beim Umzug zum Beispiel, weil irgendjemand helfen muss, die selbsttrocknende Waschmaschine zu tragen. Sie lieben, und sie heiraten, aber nicht unbedingt beides gleichzeitig. Sie haben Angst vor dem Tod. Sie sterben trotzdem. Sie achten auf ihre Ernährung. Sie sagen: «Nein, Florian, du kriegst jetzt keinen Apfel, du hast doch eben schon Chips gegessen.» Sie finden alles gut, was normal ist. Sie wundern sich. Über sich selbst, manchmal, aber vor allem über die Welt. Und über andere Menschen. Sie fürchten sich vor der Dunkelheit. Sie reservieren Sitzplätze im Zug. Sie tragen Hüte. Sie sagen, dass es ihnen gutgeht. Sie entwickeln sich. Sie werden größer und dann wieder kleiner. Sie fragen nach dem Namen ihres Gegenübers und vergessen ihn sofort wieder. Sie vergessen auch sonst alles, irgendwann, und finden trotzdem immer alles total krass wichtig. Und sie wollen einander durchschauen.

Der Kassierer versucht mich nicht zu durchschauen und ist mir weder besonders ähnlich noch unähnlich. Aber er ist schüchtern. Und ich mag schüchterne Menschen. Ich verbringe nur sehr ungern Zeit allein mit ihnen.

Inzwischen hat der Kassierer seine Schuhe wieder

angezogen und steht vor mir, als würde er auf weitere Anweisungen warten. Ich schaue ihn an. Er ist eigentlich recht hübsch. Augen, Nase, Haare, alles da. Nur seine Lippen sind so schmal, dass es aussieht, als hätte man beim Gesichtformen seinen Mund vergessen und dann nachträglich einfach noch schnell einen Schlitz zwischen Nase und Kinn geschnitten. Wenn er ein wenig expressiver veranlagt wäre, würde er sich wahrscheinlich roten Lippenstift bis drei Millimeter über die Lippen hinaus malen, um sie voluminöser wirken zu lassen.

Ich schiebe den Kassierer in die Küche und setze ihn auf einen Stuhl.

«Was willst du trinken?», frage ich.

«Wodka.»

Ich schaue ihn an.

«Wirklich?»

«Natürlich», sagt er. «Wir kennen uns nicht, und ich bin schüchtern. Gib mir harten Alkohol, sonst sitzen wir hier die nächste Stunde und schweigen uns an.»

Ich muss grinsen.

«Na gut», sage ich und stelle eine Wodkaflasche und zwei Shotgläser auf den Tisch. Ich fülle beide Gläser, und wir trinken. Sofort tränen meine Augen. Ich hasse Wodka.

«Noch einen?», frage ich. Der Kassierer nickt schweigend. Ich schenke nach, und wir trinken wieder. Jetzt werden auch seine Augen feucht. Stumm wischt er sich die Tränen ab. Ich schenke nach.

Drei Shots später muss ich mich am Tisch festhalten, um nicht vom Stuhl zu kippen, aber der Kassierer schweigt immer noch.

«Gerade warst du doch so schlagfertig!», sage ich. «Wieso redest du denn jetzt nicht?»

Der Kassierer zuckt mit den Schultern, starrt auf sein leeres Wodkaglas und sagt: «Den Satz eben hab ich mir vorher zurechtgelegt.»

Ich muss lachen.

«Wirklich?», frage ich.

Er wird rot.

«'tschuldigung», sagt er und schiebt mir sein Wodkaglas entgegen. Ich gieße die letzten Tropfen in sein Glas, dann falle ich endlich vom Stuhl. Ich weiß nicht, ob ich schon mal fünf Shots Wodka hintereinander gekippt habe. Außerdem ist bestimmt noch ein bisschen Restalkohol vom Glühwein in meinem Blut. Der Kassierer springt auf und hilft mir kichernd auf die Beine. Ich setze mich wieder hin, nehme einen Spinatmuffin vom Spinatmuffinhaufen und beiße hinein. Er schmeckt gar nicht so übel, wie ich befürchtet hatte.

«Darf ich mir auch einen nehmen?», fragt der Kassierer.

«Kommt drauf an», sage ich. «Kannst du gute Tüten bauen?»

Zwei Minuten später sitzt er vor mir, kaut auf seinem Muffin herum und dreht Spinatjoints.

«Wieso bist du eigentlich Kassierer?», frage ich.

«Ich bin eigentlich kein Kassierer», sagt der Kassierer. «Ich bin eigentlich Student.»

«Eigentlich» ist ein gutes Wort. Es ist das Rumpelstilzchen unter den Wörtern. Niemand weiß, was «eigentlich» eigentlich bedeutet. Und so kann man eigentlich alles sein, was man will, und niemand wundert sich darüber. Man kann Student sein, ohne zu studieren, man kann sehr nett sein, ohne nett zu sein, man kann sogar anders aussehen, als man aussieht. Ein Freund hat mal zu mir gesagt: «Du bist eigentlich sehr hübsch, das sieht man nur nicht so.»

Das war das traurigste Kompliment, das ich je bekommen hatte. Es sagt: «Du scheiterst sogar daran, das zu sein, was du bist.» Und ich fürchte, es stimmt. Wir können alle gut singen, man hört es nur nicht. Wir sind alle sehr klug, man merkt es nur nicht. Und wir können alle kochen, man schmeckt es nur nicht. Letztlich zählt eben doch nicht, was wir können und sind, sondern ob es bis an die Oberfläche dringt.

Natürlich hatte der Freund recht. Ich bin tatsächlich ausgesprochen hübsch. Ich habe sogar schon sehr häufig ausgesprochen, dass ich hübsch bin, nur für den Fall, dass man es wirklich nicht sieht. Das macht auch gleich jedes Kompliment von außen obsolet. Wer will schon Lob für seine Schönheit? Schönsein ist eine Beschäftigung, und ich finde, wir sollten Besseres zu tun haben.

Ich bekomme viel lieber Komplimente für Dinge, für

die ich etwas kann. Wenn ein Mann auf mich zukommt und sagt: «Oh, huch, Brüste!», denke ich immer: Na ja, die hab ich ja nicht selbst gemacht. Und so richtig nützlich sind sie auch nicht. Wenn man auf dem Sofa liegend zu Abend isst, kann man ganz gut den Pizzakarton darauf abstellen. Da hört's aber auch schon auf. Ansonsten sind sie meist im Weg. Und ab und zu kommt mal jemand vorbei, der sagt: «Och, die sind aber putzig, darf ich mal anfassen?»

Es ist ein bisschen, als würde man einen Streichelzoo mit sich herumtragen.

Ich finde, eine Frau sollte erst Brüste kriegen, wenn sie schwanger wird. Dann haben sie wenigstens eine Funktion, und vorher müssen sich nicht immer alle so aufregen. Und nachher, wenn sie so richtig schön faltig sind, darf die Frau auch ruhig stolz sein. Wenn das Faltenmuster der Brüste aussieht, als hätte die Frau extra dafür einen Origamikurs belegt, dann immer los mit den Komplimenten. Dann hat man auch was zu tun beim Brüsteangucken. Lebenslinien suchen. Oder versuchen, Gesichter zu erkennen.

Aber Lobgesänge auf Körperliches haben immer etwas leicht Obszönes, egal, wie sprachgewandt man ist. Ich würde gern mal einem Linguistikprofessor beim Sex zuhören. Nur aus Recherchezwecken natürlich. Wie hört sich wohl Dirty Talk im Schlafzimmer unserer Deutschlehrer an?

«Wer reitet so spät durch Nacht und Wind?»

«Ich bin's, Manfred, und jetzt mach mir ein Kind!»

Das ist Erotik. Da tobt die Libido.

Das beste Kompliment finde ich: «Du hast dich aber gut gehalten.» Das klingt nicht direkt romantisch, ist aber universell anwendbar, geschlechtsunspezifisch und würdigt die Leistung des Gegenübers. Die Welt gibt einem so viele Gelegenheiten, auszurutschen und hinzufallen und Chips essend liegenzubleiben. Die Welt ist eine riesige Eislaufbahn, und bis auf ein paar Bonzen mit teuren Schlittschuhen versuchen wir uns alle krampfhaft am Geländer festzuhalten. Da kann man ruhig loben, wenn sich jemand gut hält. Und ich finde Quatsch, dass man das nur zu alten Leuten sagt. Ich würde viel früher damit anfangen. Grundschulalter. «Du hast es durch den Kindergarten geschafft, ohne total scheiße zu werden? Das ist 'ne Leistung. Du hast dich gut gehalten.»

Deshalb sollte man schönen Menschen viel weniger Komplimente machen. Schöne Menschen haben es nicht schwer, die brauchen keine Komplimente. Sie sind die mit den teuren Schlittschuhen, die als Einzige das Geländer loslassen können, ohne hinzufliegen, und die quer über die Eisfläche rückwärts fahren, sodass es aussieht, als wäre es überhaupt nicht schwierig. Und die dann aufeinander zeigen und sagen: «Oh, huch, Brüste!», und vergessen, dass sie nichts davon selbst gemacht haben.

So schwierig ist Komplimentemachen gar nicht. Eigentlich will man doch nur sagen: «Du machst das gut mit dem

Sein. So wie du zu sein ist besser, als nicht wie du zu sein. Wenn mehr Menschen wie du wären, wären weniger Menschen scheiße. Also vermehre dich, mach viele Kinder, am besten mit mir. Zeig mir deine Brüste, und ich lese daraus deine Zukunft. Denn wenn die Zukunft wird wie du, dann kommen wir schon klar.»

Der Kassierer wedelt mit seiner Hand vor meinem Gesicht herum.

«Hallo, bist du noch da?», fragt er.

«Klar», sage ich. Ich muss abgeschweift sein. Oder abgeschwoffen? Egal.

«Was studierst du denn?», frage ich.

«Noch gar nichts, ich muss erst mein Abi schaffen.»

Ich schaue ihn an.

«Ja, ich weiß, ich bin schon einundzwanzig», sagt er. «Aber mit achtzehn war ich ... äh ... beschäftigt.»

Ich hole eine neue Flasche Wodka. Endlich haben wir ein Gesprächsthema.

«Okay», sage ich und schenke ihm einen neuen Shot ein. «Erzähl mir dein Leben!»

Der Kassierer hat in Wirklichkeit einen ganz normalen Namen. Thomas oder Johannes oder Sebastian heißt er. Und er kommt aus einer ganz normalen Familie. Müller oder Schmidt oder Schneider heißt sie. Ungewöhnlich ist an seiner Familie nur ein kleines Detail, das allerdings die bloße Existenz des Kassierers so unwahrscheinlich macht, dass er sich manchmal selbst boxt, um zu spüren, ob er wirklich da ist: Seine Mutter ist links und sein Vater rechts. Trotzdem führten seine Eltern jahrelang eine ausgesprochen glückliche Beziehung, weil sie einfach nie über Politik sprachen. Sie ahnten nichts von der Gesinnung und Weltanschauung des anderen, denn der Zufall ließ das Thema nie zwischen ihnen aufkommen. Sie waren beide nicht allzu gesprächig. Außerdem verbrachten sie zu Beginn ihrer Beziehung so viel Zeit nackt zusammen im Bett, dass sie einander angezogen auf der Straße kaum erkannten. Und als die Verliebtheit endlich wieder vereinzelte Kleidungsstücke zuließ, waren sie auch schon schwanger mit dem Kassierer. Was zwar ihre Gesprächsrate drastisch in die Höhe schnellen ließ, allerdings zugleich die zugehörigen Themen vorgab. Sie sprachen über die Zukunft, Geld, den Umzug in eine größere Wohnung, den Wickeltisch, den sie kaufen mussten, die sich häufenden Schwiegerelternbesuche, erste Gehversuche, Erziehung, den Kindergarten, die Auswahl der Schultüte, die ersten Noten, den ersten Sportverein, die erste Party, das erste Bier, das erste Mal. Kurz: Sie sprachen über alles, worüber Eltern so sprechen. Da war kein Raum für Politik.

Und so dachte sie sich nichts dabei, wenn er bei jedem Spiel seines Vereins die Deutschlandfahne schwenkte, und er fragte nicht nach, wenn sie am Wochenende in der Volxküche aushalf. Das macht man halt so beim Fußball, dachte sie, und das macht man halt so als Frau, dachte er. Sie waren Klischees, die einander nicht als Klischees erkannten. Und wenn sie abends zusammen die Nachrichten schauten, schüttelten sie gemeinsam den Kopf über die Lage der Welt. «Schlimm, das alles», sagte sie dann. Und er sagte: «Ja. Schlimm, schlimm, schlimm.»

Sie meinte die armen Afrikaner und er die armen Deutschen, aber sie waren glücklich, weil sie sich in Worten einig waren und nach dem tieferen Sinn nicht fragten. Irgendwann war der Kassierer alt genug, um mit seinen Eltern die Nachrichten zu gucken. Also saß er Abend für Abend zwischen ihnen, schaute zunächst auf den Bildschirm und später immer öfter von links nach rechts – links Mutter, rechts Vater – und fragte sich, ob er das Missverständnis aufklären sollte. Und er fragte sich, was er selbst war. War seine linke Hälfte links und seine rechte Hälfte rechts?

Und dann kam das Jahr 2015, in dem so viele Menschen nach Europa flohen, dass sie in jedem Wohnzimmer zum Thema wurden. Leute, die Zeitungen bisher nur zum Aufsammeln von Hundehaufen benutzt hatten, sprachen plötzlich über Politik. Leute, die über die Bundeskanzlerin nicht mehr wussten, als dass sie Mundwinkel besaß, sprachen plötzlich über Politik. Und auch die Eltern des Kassierers verspürten nun den Drang, ihre politischen Ansichten nicht nur zu haben, sondern ihnen auch Ausdruck zu verleihen. Seine Mutter half neben der Volxküche nun auch in Flüchtlingsheimen aus, und sein Vater begann seine Sätze immer häufiger mit «Ich habe ja nichts gegen ...», «In meinem Land will ich keine ...» und «Also, das wird man doch wohl noch ...».

Es vergingen einige Wochen, in denen der Kassierer verzweifelt versuchte, die Aussagen seines Vaters zu relativieren und die Empörung seiner Mutter zu ignorieren, doch er konnte die Illusion, die zu seiner Geburt geführt hatte, nicht retten. Seine Eltern reichten die Scheidung ein und taten fortan so, als habe ihre Ehe nie existiert.

Wer nun aber sehr wohl existierte, war der Kassierer. Und als seine Eltern ihm erklärten, sie könnten ihn durchaus gut leiden, nur eben ab sofort nicht mehr als ihren Sohn betrachten, da wurde dem Kassierer klar: Er war ein Missverständnis. Es hätte ihn nie geben dürfen. Die Spermien seines Vaters hätten die Eizellen seiner Mutter einfach kurz nach ihrer Sicht auf Grenzen und Nationen und soziale Gerechtigkeit fragen sollen, um dann Parolen grölend umzukehren.

Nun ist es einfach, mit Missverständnissen umzugehen. Man klärt sie auf, schämt sich ein wenig, entschuldigt sich höflich und geht dann seiner Wege. Schwieriger wird es allerdings, wenn man selbst das Missverständnis ist. Dann muss man ja mit sich selbst umgehen, was weitaus unangenehmer ist. Doch glücklicherweise muss man nur eines von beidem können: mit Kritik umgehen oder Kritik umgehen. Und da das auch für Selbstkritik gilt, entschied sich der Kassierer dazu, nicht mit sich selbst umzugehen.

Stattdessen umging er sich selbst, indem er ein Jahr lang so viele Drogen nahm, dass er nach und nach sein Ich vergaß. Er ging nicht mehr zur Schule, denn dafür hätte er ja sein Ich gebraucht. Er schlief schlecht und aß kaum. Er hörte auf, mit Menschen zu sprechen, weil er Angst hatte, dass sie ihm antworten und somit seine Existenz bestätigen würden.

Doch dann passierte etwas Erstaunliches: Nach einem Jahr war er immer noch da. Er hatte es nicht geschafft, sich ins Nichts zu ignorieren. Es lag nicht in seiner Macht, etwas gegen sein eigenes Dasein auszurichten. Natürlich hätte er sich umbringen können, aber auch das hätte seine Existenz nicht ungeschehen gemacht, sondern nur in die Vergangenheit versetzt. Also tat er das Einzige, was ihm blieb: Er fand sich damit ab, dass er existierte.

Damit war er beschäftigt, als er achtzehn war und all seine Mitschüler die Schule abschlossen. Und nun arbeitet er tagsüber im Supermarkt und macht abends sein Abitur nach. Aus den letzten Jahren mitgenommen hat er nur einen penetranten Entschuldigungstick. Wann immer die Situation es zulässt, entschuldigt er sich für sich selbst, für sein Dasein und für alles, was er tut.

«Krasse Geschichte», sage ich, als der Kassierer fertig erzählt hat.

«'tschuldigung», sagt er und schweigt dann. Offenbar hat er seine Worte für die nächste Stunde aufgebraucht.

«Du kannst mir beim Cocktail helfen», sage ich, und er nickt. Stumm nimmt er die Packung, die ich ihm reiche, und fängt an, den Spinat in den Mixer zu werfen.

Ich habe eine merkwürdige Vorliebe für Menschen, die sich selbst nicht gut finden. Sie sind ihr eigener Scheiterhaufen. Ich weiß, dass sie sehr darunter leiden, aber ich mag ihre Demut vor der Welt. Sie sind sich nie ganz sicher, ob sie mit sich zufrieden sein dürfen. Leute sehen Zufriedenheit häufig als Vorstufe zum Glück. Wenn man schon nicht glücklich sein kann, dann doch wenigstens zufrieden. Bei diesen Menschen ist es andersherum. Sie haben die Zufriedenheit übersprungen. Im besten Fall sind sie manchmal glücklich, wissen aber nicht, wie Zufriedenheit geht. Ihnen wurde glaubhaft vermittelt, dass jedes Mitglied einer Gesellschaft eine Aufgabe hat und dass ihre Aufgabe das Scheitern ist.

20:53 Uhr

Es klingelt. Endlich.

Wenn der Kassierer und ich uns noch eine Minute länger hätten anschweigen müssen, wäre bestimmt das Universum implodiert. Aus Langeweile.

Julia kommt die Treppe hoch. Sie trägt eine Flasche Sekt und die größte Tupperdose auf dem Arm, die ich je gesehen habe.

«Was ist das denn?», frage ich.

«Couscous-Salat. Selbstgemacht.»

Sie strahlt und wuchtet mir die Dose auf den Arm.

«Darf ich reinkommen?», fragt sie und kommt rein. Sofort knurrt mein Hund. Julia ist schon die zweite Unbekannte an einem Abend, das findet der Hund eindeutig zu viel. Julia hingegen stört sich überhaupt nicht an dem Tier, geschweige denn an seinem Knurren.

«Der ist ja süß!», ruft sie, wirft Jacke und Schal von sich und hechtet auf den Hund zu, der vor Schreck zu knurren vergisst und in sein Körbchen flüchtet.

Menschen offenbaren viel über ihr Wesen, wenn sie Hunde begrüßen. Es gibt drei Grundtypen von Hundebegrüßern: die Ängstlichen, die Desinteressierten und die Begeisterten.

Die Ängstlichen können erst mal nichts dafür. Entweder wurden sie mal von einem Hund gebissen, oder ihre Eltern haben ihnen die Angst vor der Welt im Allgemeinen und unbekannten Geschöpfen im Speziellen so intensiv eingetrichtert, dass sie nie wieder davon loskommen. Wenn die Ängstlichen einen Hund begrüßen sollen, fühlen sie sich, als sollten sie flirten. Beides klappt nur so mittel. Die Ängstlichen haben außer vor Hunden auch Angst vor: ihrem Chef, klingelnden Telefonen und Überraschungen.

Die Desinteressierten sind entweder sehr verklemmt oder schlechte Menschen. Ich habe noch nie jemanden getroffen, der einen tobenden Welpen anschauen und ungerührt wieder wegschauen konnte und anschließend nicht entweder sehr unsympathisch oder sehr, sehr unbeholfen war. Zum Glück sind die Unbeholfenen in der Überzahl. Hunde verlangen uns, ähnlich wie Kinder, eine Bereitschaft zur Selbstentwürdigung ab, die nicht jedem gut steht. Manche Menschen sind so sehr in der Senkrechten gefangen, dass sie gebückt gar nicht denkbar sind. Die Desinteressierten interessieren sich außerdem nicht für: Gartenarbeit, Gendern und tiefschürfende emotionale Beziehungsgespräche.

Und dann gibt es die Begeisterten. Die Begeisterten teilen sich in zwei Kategorien:

Einerseits gibt es die Kenner. Sie probieren den Hund wie einen Wein. Sie schnalzen mit der Zunge, gehen in die Hocke, lassen ihre ausgestreckte Hand beschnuppern und streicheln erst, wenn der Hund schwanzwedelnd, mit dem Hintern in der Luft und den Vorderläufen am Boden ihre auf dem Parkett trommelnden Finger anhechelt. Die Kenner kennen sich außerdem aus in: allem.

Und andererseits gibt es die Planlosen. Sie stürzen sich auf jeden fremden Hund, machen «jabistueinsüßerkleinerjakommaherduschnuckiputzidu» und patschen dem Hund von oben auf die Schnauze. In ihrem Verhalten äußert sich ein gewisser Hang zur Überheblichkeit. Sie streicheln, ob das Tier es will oder nicht. Die Planlosen sind außerdem planlos in: zwischenmenschlichen Beziehungen.

Ich frage mich manchmal, was die Tiere, die wir so süß

finden, über uns denken. Finden sie uns auch schön? Denken sie: Oh, die Tante da sieht so weich und knuffig aus, ich muss sie einfach anfassen? Vielleicht denken sie das wirklich. Es gibt ja durchaus weiche und knuffige Tanten.

Julia ist also eine Planlose. Und ihr Begrüßungsstil scheint sich nicht auf Hunde zu beschränken. Sie streichelt sogar meine Wohnung. Sie fährt mit den Fingern über jeden einzelnen Buchrücken, knetet die Sofapolster durch, klopft die Wände ab und kneift schließlich dem Kassierer in die Wange.

«Du bist ja fast so süß wie der Hund!», ruft sie. «Aber wieso sind deine Lippen so schmal?»

Der Kassierer guckt sie aus betrunkenen Augen an. Sein Blick schwankt.

«Mir egal», sagt er. «Hauptsache, ich kann damit Wodka trinken.»

Julia lacht. Ich stelle die Tupperdose ab und ihr ein Shotglas vor die Nase. Der Kassierer gießt es randvoll. Julia zögert, setzt sich dann aber zu ihm an den Küchentisch.

Ich habe den Kassierer ja nur sehr kurz in nüchternem Zustand kennengelernt. Aber ich glaube, ich mag ihn betrunken lieber. Nicht, weil ich für Drogen wäre. Ich bin auch nicht gegen Drogen. Die Drogen und ich haben eher ein WG- als ein freundschaftliches Verhältnis. Wir wohnen beide in der Welt, lassen einander aber meist in Ruhe. Ich finde die gefährlichen gefährlich und die weniger gefährlichen weniger gefährlich. Ich habe Angst vor Kontrollverlust und Abhängigkeit und finde die Angst zugleich ein bisschen übertrieben. Aber ich glaube, manchen Menschen helfen Drogen, ab und zu aus ihrer Starre zu brechen. Ohne Alkohol hätte der Kassierer wahrscheinlich nur Julias blonde Locken sehen müssen und sich vor Schreck schweigend und zitternd in einer dunklen Ecke verkrochen. Stattdessen sitzt er jetzt da und kichert vor sich hin, während Julia ihm mit ihrem Lippenstift den Mund rot malt.

Ich setze mich zu den beiden.

«Hat dir Frau Briese denn gar nichts über Farbenlehre beigebracht?», frage ich, als Julia anfängt, dem Kassierer auch noch pinken Lidschatten aufzutragen.

«Wer ist Frau Briese?», fragt Julia.

Ich gucke sie an.

«Na, die Kunstlehrerin. Unsere Kunstlehrerin. Die kannst du doch nicht vergessen haben!»

Julia grinst.

«Nee, hab ich nicht vergessen», sagt sie und kramt Wimperntusche aus ihrer Tasche.

«Ach, wirklich?», frage ich. «Wie sah sie denn aus?»

«Keine Ahnung, ganz normal.»

Frau Briese war, als sie uns unterrichtete, ungefähr fünfzig, hatte grün gefärbte Haare und einen dieser Nasenringe, die sonst nur unter Kühen als modisch gelten. Über das Wort «normal» lässt sich ja aus gutem Grund streiten, aber die Norm waren in unserem Lehrerkollegium eher Topfschnitt und Strickjacken.

Ich stehe auf, gehe ins Wohnzimmer und setze mich aufs Sofa. Durch die offene Tür beobachte ich Julia und den Kassierer in der Küche. Sie sehen aus wie zwei Kinder, die mit ihren Malkästen spielen. Mit dem kleinen Unterschied, dass sie dabei einen Spinatjoint rauchen. Die restliche Wohnung ist leer. Nur mein Hund hat seinen Kopf auf den Rand des Körbchens gelegt und guckt mich an, als wolle er mich fragen, was ich mir dabei gedacht habe, bei diesem Abend und bei diesen Leuten.

Ich klappe meinen Laptop auf und mache Musik an. Es gibt kaum etwas Deprimierenderes als die ersten beiden Stunden einer Party. So früh kommen nur entweder sehr gute Freunde, und die auch nur aus Mitleid, oder diejenigen, die sonst kein Sozialleben haben. Und da dies ja eine freundelose Party wird, sitze ich hier also erst mal mit dem Kassierer und Julia fest. Der Kassierer ist mir durchaus sympathisch. Er hat einen guten Grund, so zu sein, wie er ist. Aber irgendwas stimmt mit Julia nicht. Sie ist so glatt. Als hätte ihr jemand eine Rolle geschrieben, die sie jetzt nur noch spielen muss. Vielleicht vertraue ich den Menschen nicht genug, aber Leute, die sich präsentieren wie ihre eigenen Werbeschilder, sind mir suspekt. Wenn die Fassade zu perfekt ist, will sogar ich dahinterschauen. Nicht, weil ich dort etwas Ungewöhnliches vermuten würde, sondern weil ich es unfair finde, wie gut sie ihre Abgründe zu verstecken vermögen. Sie könnten ein Kaninchen umbringen, und man würde ihnen nichts anmerken.

Julia hebt den Blick und sieht, dass ich sie mit gerunzelter Stirn anstarre. Sie grinst und streckt mir den Joint entgegen.

«Was ist los?», fragt sie. «Willst du mal ziehen?»

Ich stelle den Laptop ab, stehe auf und gehe zurück in die Küche.

«Nee, danke», sage ich. Selbst wenn ich kiffen würde, hätte mein innerer Monk niemals zugelassen, dass ich an einer Tüte ziehe, die vorher schon in zwei anderen Mündern war.

«Ich verstehe nicht, dass du dich nicht an Frau Briese erinnerst», sage ich.

Julia reicht den Joint an den Kassierer weiter und nimmt wieder ihre Wimperntusche in die Hand.

«Erinnerst du dich denn an mich?», fragt sie.

Ich schüttele den Kopf.

«Nee, nicht wirklich.»

«Siehst du? Also sind wir beide vergesslich. Guck mal nach oben.»

Ich gucke an die Decke. Julia kichert.

«Nicht du. Er.»

Sie deutet auf den Kassierer, der pflichtbewusst an die Decke starrt, während sie seine Wimpern tuscht.

«Na gut», sage ich. «In welcher Stadt sind wir aufgewachsen?»

Julia hält inne, lässt die Wimperntusche sinken und seufzt.

«Okay, wenn es dir so wichtig ist», sagt sie. «Dann war ich halt nicht mit dir auf der Schule. Macht das einen Unterschied?»

Ich muss lachen.

«Nee», sage ich. «Macht keinen Unterschied.»

Nun feiere ich also eine Silvesterparty extra für Julia Roberts, und dann ist sie nicht nur nicht Julia Roberts, sondern war noch nicht mal auf meiner Schule. Ich kann mich nicht dagegen wehren: Ich bin ein bisschen beeindruckt. Und es stimmt. Einen Unterschied macht es eigentlich nicht. Wären wir zusammen zur Schule gegangen, könnten wir jetzt Namen von Lehrern und Mitschülern aufzählen und es total krass finden, dass es Lena immer noch gibt und dass Sebastian es geschafft hat zu heiraten, dass sich Julia und Holger getrennt haben, dass Johanna dreifache Mutter ist und dass Frau Briese jetzt auch noch ein Zungenpiercing hat. Aber wem würde das nutzen? Brauchen wir sie wirklich, diese Fassungslosigkeit ob der Tatsache, dass unsere Generation jetzt erwachsen ist und all die Dinge tut, die Erwachsene schon getan haben, als wir noch Kinder waren? Vielleicht brauchen wir sie. Aber nicht unbedingt heute Abend. Außerdem hat Julia inzwischen so viel Wodka getrunken, dass sie sich wohl selbst dann nicht mehr an unsere gemeinsame Schulzeit erinnern könnte, wenn diese existieren würde.

Ich schaue sie an. Was für eine seltsame Frau. Ich habe sie beim Lügen ertappt, und sie schämt sich gar nicht. Nur ein wenig genervt zu sein scheint sie, dass sie sich jetzt mit meiner Realität abgeben muss, obwohl es ihr in ihrer eigenen Realität viel besser gefallen hat. Sie gießt sich noch einen Shot ein und prostet mir zu.

«Auf Frau Briese!», ruft sie. «Die einzigartigste Kunstlehrerin der Welt!»

Julia ist eine von vielen Julias. Sie ist auch eine von vielen Frauen, eine von vielen Bürohilfen und eine von vielen Berlinerinnen. Sie ist eine von vielen Töchtern, eine von vielen Exfreundinnen, eine von vielen Kundinnen im Sonnenstudio und eine von vielen *Fifty-Shades-of-Grey*-Leserinnen. Es ist nicht so, als hätte sie ein Problem damit, eine von vielen zu sein. Es fällt ihr nur auf. Wo immer sie hingeht, sieht sie Kopien ihrer selbst: dasselbe Oberteil von H&M, denselben Schwung ihres Haars, dasselbe Muttermal am Arm, dieselbe Unsicherheit in den Augen, dasselbe Lebenskonzept. Sie ist austauschbar. Wenn sie kaputtgehen würde, wäre das überhaupt nicht schlimm, denn es gibt überall Ersatzteile für sie. Und so denkt sie bei jedem Gespräch mit Freunden, bei jedem Kuss und bei jeder Party: Es könnte jetzt auch jemand anders hier stehen. Es würde nichts ändern. Jemand anders könnte mein Bier trinken und meine Worte sagen und mein Lachen lachen. Dann wären es sein Bier und seine Worte und sein Lachen, was weder für das Bier noch für die Worte noch für das Lachen einen Unterschied machen würde. Und für die

Leute macht es auch keinen Unterschied. Hauptsache, da steht jemand und trinkt und redet und lacht.

Nein, Julia hat kein Problem damit, eine von vielen zu sein. Aber wenn die Austauschbarkeit der Filter ist, durch den man die Welt sieht, wird jede zwischenmenschliche Beziehung belanglos. Und Beziehungen sterben an Belanglosigkeit. Deshalb hat sich Julia irgendwann vom Konzept der nachhaltigen Beziehungsführung abgewandt und geht seitdem nur noch Wegwerfbeziehungen ein. «Einwegbeziehungen» nennt sie sie in ihrem Kopf. Sie hat keine Freunde, weil sie keine will. Wenn sie Unterhaltung braucht, geht sie ins Kino. Wenn sie mit Menschen reden will, geht sie zum Speed-Dating. Und wenn sie Lust auf eine Silvesterparty hat, geht sie in den Supermarkt und gibt sich bei dem Menschen mit dem ungesündesten Einkauf als alte Schulfreundin aus.

Scheitern aneinander

*Er und Sie, das glückliche Pärchen
und die Individualität*

Wer es nicht schafft, an sich selbst zu scheitern, sucht sich jemanden, der ihm dabei hilft. Das Leben ist wie Autoscooter: Ohne die anderen Menschen wäre es viel entspannter, aber auch sehr langweilig. Wir lachen Hummeln aus, die immer wieder gegen eine Scheibe fliegen, aber zugleich tun wir genau dasselbe. Wir rennen immer wieder mit unseren Köpfen gegeneinander, oder mit unseren Herzen, oder mit unseren Geschlechtsorganen. Wir prallen aneinander ab und denken: Oh, huch, au, das hat weh getan. Das versuche ich gleich noch mal!

Wir sind nicht besser als die Atome, aus denen wir bestehen. Die hätten auch viel mehr Ruhe, wenn sie einfach mal stillhalten würden. Dann gäbe es keine Wärme und kein Leben, aber eben auch kein Autoscooter und keinen Herzschmerz. Aus irgendeinem Grund gibt es nämlich Menschen, gegen die man lieber rennt als gegen andere. Weil sie besonders weich sind, zum Beispiel, oder einen fluffigen Bart haben, den man immer wieder von nahem sehen will. Und manchmal verfängt man sich in ihrem Bart oder in ihrer Weichheit oder in ihrem Charme, sodass man nicht mehr von ihnen loskommt. Das ist dann Liebe. Und Liebe ist schön. Vielleicht sogar die schönste Art, aneinander zu scheitern.

22:03 Uhr

Das Telefon klingelt. Julia, die direkt daneben an der Wand lehnt, nimmt den Hörer ab und sagt: «Wasswisstu?»

Dann macht sie große Augen.

«Is für dich», sagt sie und streckt mir den Hörer entgegen.

«Ach was», sage ich.

«Der sagt, er is Gregor Gysi.»

Ich muss lachen. «Gregor Easy», sage ich. «Ulf macht jetzt Hip-Hop und brauchte einen coolen Rappernamen. Seitdem meldet er sich so.»

Julia lacht nicht. Sie scheint mir ein wenig übelzunehmen, dass es doch nicht Gregor Gysi ist, der mich angerufen hat. Ich nehme den Hörer und halte ihn mir ans Ohr.

«Hey», sage ich.

«Hi, na?», sagt Ulf.

Ich weiß nicht, wann er angefangen hat, mich Heiner zu nennen. Vermutlich zur selben Zeit, zu der er angefangen hat, auf die Frage: «Ist alles okay?» mit «Ja, Eishockey» zu antworten. Und auf «Findest du das gut?»: «Ja, Fisch-gut.»

Eishockey und Fische sind die Essenz unserer Kommunikation. Irgendwann passiert das in allen Beziehungen: Man ist so sehr eins geworden, dass das Miteinandersprechen eher wie Denken ist. Da ist Artikulation nur noch überflüssiger Luxus. Kiefermuskeltraining, mehr nicht. Deshalb haben Leute, die schon lange in einer Beziehung sind, auch immer so hängende Mundwinkel. Man denkt, es wäre schlechte Laune, aber es sind eigentlich nur untrainierte Gesichtsmuskeln. Und weil man sowieso weiß, was der andere sagt, braucht man ihn für die Gespräche auch gar nicht mehr. Alle essenziellen Unterhaltungen mit Ulf kann ich ohne Ulf führen. Schließlich habe ich inzwischen sieben Jahre an Daten gesammelt, die ich auswerten und zu einem sehr zuverlässigen Logarithmus zusammensetzen konnte. Das klingt traurig, ist aber einfach nur effizient. Dadurch können wir in derselben Zeit doppelt so viele Gespräche führen, jeweils eins in Ulfs und eins in meinem Kopf.

Traurig ist, wenn Leute nach jahrelanger Beziehung plötzlich ehrlich werden. Vor kurzem habe ich im Zug gesehen, wie sich ein Mann im Vierersitz auf den Platz gegenüber von seiner Frau setzen wollte. Und die Frau sagte: «Ich hab doch gesagt, dass ich dich für immer an meiner Seite haben will. An meiner Seite, nicht vor meiner Nase.»

Also setzte sich der Mann neben sie. Er sagte nichts. Das

schien ihre Rollenverteilung zu sein: Sie redete, er schwieg. Über Enttäuschung redete sie und über Dinge, die man ja wohl erwarten dürfe. Und über Enttäuschung schwieg er und über Dinge, die von ihm erwartet wurden. Und doch dachten beide Köpfe bestimmt genau dasselbe: Das habe ich mir anders vorgestellt, dachten sie. Was womöglich der traurigste Gedanke ist, den man sich einfangen kann. Man sollte nie zu nett sein zu diesem Gedanken, sonst kommt er vielleicht öfter. Jeden Morgen steht er dann vor der Tür und bringt als Gastgeschenk nur seine Traurigkeit mit. Das kann man nicht wollen.

Mein Zugpaar saß also und redete und schwieg und verdaute leise rülpsend das Klischee, das es gefressen hatte. Die Frau erzählte die Geschichte des Mannes einfach mit. «Lass mich ausreden», sagte sie jedes Mal, wenn der Mann ihr in ihre Worte atmete. «Lass mich ausreden.»

Sie hatten einander alles gesagt, jetzt redeten sie nur noch. Sie hatten einander getroffen und das Was-bisher-geschah abgearbeitet, jedes Erlebnis von früher, jeden Gedanken, der ihnen begegnet war, bevor sie einander begegnet waren. Und als das Was-bisher-geschah durch war, kam der Live-Ticker:

«Wie war dein Tag, Schatz?»

«Ich bin aufgestanden, Schatz, und habe alles gemacht wie immer, Schatz. Spannend, nicht, Schatz?»

«Ja, Schatz, spannend, wie du das immer machst, Schatz.»

Aber kein Film ist noch spannend, wenn man ihn zu oft gesehen hat. Man weiß voneinander, an welchen Stellen man gruselig wird, und erschreckt sich nicht mehr. Man kann andere Dinge tun, während man einander guckt, bügeln und telefonieren und schlafen, und trotzdem noch der Handlung folgen. Man kann die Dialoge mitsprechen. Man weiß, wie es ausgeht.

Der Mann atmete. Ich weiß, wie du ausgehst, dachte er. Du bist keine spannende Geschichte mehr.

«Lass mich ausreden», sagte die Frau.

Ich stellte mir vor, wie es wäre, wenn der Mann die Frau wirklich ausreden lassen würde. Egal, wie lange es dauerte. Er würde schweigen und sie reden, wochenlang, bis sie alles ausgesprochen hätte, jedes Wort und jeden Satz und jede Idee. Sie würde ihren Mund auf jede Art formen, die ihre Lippen erlaubten, sie würde mit der Zunge schnalzen, ihre Rs rollen, brüllen und flüstern, und er würde daneben sitzen und hören und schweigen und sie ausreden lassen. Und dann, irgendwann, hätte sie ausgeredet. Und dann würde sie nachdenken, was ein bisschen dumm wäre, denn das hätte sie ruhig vor dem Reden tun können, aber immerhin: Sie würde nachdenken, und es würde ihr nichts mehr einfallen, das sie noch sagen könnte. Sogar, dass sie nichts mehr zu sagen hatte, hätte sie schon gesagt. Dann würde sie schweigen. Und dann wäre es still, ganz kurz nur, bevor der Mann den Mund aufmachen und seine eigene Geschichte erzählen würde.

Aber das war natürlich nur eine Vorstellung. In Wirklichkeit kam die Frau nie dazu, wirklich auszureden, weil der Mann die Unverschämtheit besaß, einfach weiterzuatmen.

Ich habe mal eine Geschichte gehört, die jemand als Witz erzählt hat. Sie spielt im Altersheim am Empfangstresen. Vor dem Schalter steht eine junge Frau, hinter dem Schalter steht eine alte Frau. Das Gespräch geht so:

Junge Frau: «Guten Tag, ich brauche einen Rat.»

Alte Frau: «Das ist hier aber ein Altersheim.»

Junge Frau: «Genau, es geht ums Alter.»

Alte Frau: «Wessen Alter? Eltern oder Großeltern?»

Junge Frau: «Nehmen Sie auch Beziehungen?»

Alte Frau: «Beziehungen?»

Junge Frau: «Ja, ich glaube, meine Beziehung wird alt. Sie macht komische Geräusche. Und sie schnauft beim Treppensteigen.»

Alte Frau: «Aha. Und müffelt sie schon?»

Junge Frau: «Ein bisschen. Aus dem Mund. Mein Freund hat vorhin zu mir gesagt: In dem Pulli siehst du sehr hübsch aus.»

Alte Frau: «Aber Sie tragen doch gar keinen Pulli!»

Junge Frau: «Für ihn ist alles Pulli, was lange Ärmel hat.»

Alte Frau: «Auch Burkinis?»

Junge Frau: «Ja, Strandpulli nennt er die.»

Alte Frau: «Taucheranzüge?»

Junge Frau: «Unterwasserpulli.»

Alte Frau: «Zwangsjacken?»

Junge Frau: «Gefängnispulli. Jedenfalls hat er gesagt: In dem Pulli siehst du sehr hübsch aus.»

Alte Frau: «Das ist doch nett.»

Junge Frau: «Ja.»

Alte Frau: «Und?»

Junge Frau: «Und ich hab gesagt: Warum ziehst du ihn mir dann nicht aus, Schatz?»

Alte Frau: «Und?»

Junge Frau: «Und er hat gesagt: Weil du in dem Pulli sehr hübsch aussiehst. Ohne geht so.»

Alte Frau: «Hm. Das klingt aber höchstens nach sechs Jahren.»

Junge Frau: «Na und?»

Alte Frau: «Das ist doch kein Alter für eine Beziehung!»

Junge Frau: «Nicht?»

Alte Frau: «Nee. Mit sechs kommt sie gerade erst in die Schule.»

Junge Frau: «Kann man den Alterungsprozess einer Beziehung denn nicht irgendwie aufhalten?»

Alte Frau: «Doch.»

Junge Frau: «Und wie?»

Alte Frau: «Schluss machen. Oder einander möglichst wenig sehen. Je seltener man sich sieht, desto länger bleibt die Beziehung jung.»

Junge Frau: «Wie oft würden Sie empfehlen?»

Alte Frau: «Höchstens einmal im Monat. Dann kann man auch mehrere Beziehungen gleichzeitig führen. Viele junge, knackige Beziehungen statt einer alten, stinkenden.»

Junge Frau: «Klingt gut. Wie alt ist denn Ihre Beziehung?»

Alte Frau: «Gestern war ich zu faul zum Duschen, also habe ich gesagt: ‹Tut mir leid, ich muss heute leider stinken.›»

Junge Frau: «Und?»

Alte Frau: «Und mein Mann hat gesagt: ‹Macht nix, ich riech einfach nicht hin.›»

Junge Frau: «Oh.»

Alte Frau: «Sehen Sie? So weit sind Sie noch nicht.»

Ich weiß nicht, was an der Geschichte witzig sein soll. Ich finde sie traurig. Sie sagt nichts anderes, als dass alle Beziehungen zum Scheitern verurteilt sind. Bevor wir so enden, soll Ulf mich lieber Heiner nennen.

«Wie ist die Party?», fragt Ulf.

«Ganz okay», sage ich. «Und deine?»

«Seltsamerweise sind alle schlecht drauf», sagt er.

«Und das bloß, weil jemand gestorben ist?»

«Ja, ich versteh's auch nicht. Aber Onkel Werner ist grad los, um ein paar Flaschen Absinth zu kaufen. Wird schon werden.»

Es klingelt.

«Kann mal jemand aufmachen?», rufe ich in die Runde.

Der Kassierer geht zur Tür.

«Ich muss auflegen», sage ich zu Ulf und stehe auf, um die Neuankömmlinge zu begrüßen.

Kurz darauf kommen Er und Sie ins Wohnzimmer. Natürlich heißen Er und Sie nicht wirklich Er und Sie, sondern Erna und Siegfried. «Er» steht für Erna und «Sie» für Siegfried. Das ist so einleuchtend, dass sogar ich mir ihre Namen merken kann.

Als ich sie vorhin eingeladen habe, standen sie gerade auf der Straße und stritten sich. Also eigentlich stand nur Er auf der Straße und stritt sich. In ihrer Hand hielt Er ihr Telefon und brüllte: «Guck mich gefälligst an, wenn ich mit dir telefoniere!»

Das fand ich so einen schönen Satz, dass ich Er einfach einladen musste. Kurz darauf kam Sie um die Ecke geeilt und guckte Er endlich an, was den Streit zum Glück beendete. An Sies Hand drückte sich ein Mädchen herum, das Er mir als «Das ist mein Ernst» vorstellte, woraufhin Er und Sie albern zu kichern begannen. Das Mädchen kicherte nicht.

Ich schätzte die Beziehung auf mindestens zehn Jahre. Beziehungen sind wie Kinder: Man kann ihr Alter am besten dadurch einschätzen, was für Geräusche sie von sich geben. Am Anfang sind sie zwar laut, aber irgendwie auch süß, es gibt ganz viel «kutschiku» und «Schnuffelpuffelmuffelwuffel», aber dann lernen sie irgendwann sprechen, und die Welt wird dadurch nicht unbedingt schöner. Es gibt Sätze, die in einer Beziehung frühestens nach zwei Jahren ausgesprochen werden. «Guck mich gefälligst an, wenn ich mit dir rede / mit dir schlafe / mit dir einen Film gucke! Ist doch egal, dass im Film gerade ein Haus explodiert, ich bin schöner als das Haus, und ich explodiere auch gleich. Also guck mich gefälligst an, wenn ich explodiere! Als ich sagte, ich halte dir den Rücken frei, hab ich nicht gemeint, dass du ihn mir ständig zuwenden sollst. Ja, ich sehe jeden Tag gleich aus, aber ich werde immer ein bisschen älter. Guck mich gefälligst an, wenn ich altere!»

All das sagt man am Anfang nicht.

Die meisten Beziehungen beginnen ja damit, dass man sich anguckt. Ganz freiwillig. Ich habe noch nie erlebt, dass eine Frau zu einem ihr unbekannten Mann gegangen ist und gesagt hat: «Guck mich gefälligst an, wenn ich mit dir flirte!» Obwohl das vielleicht der beste Anmachspruch des Jahrhunderts wäre. Wenn er tut, was sie sagt, ist immerhin die Rangordnung schon mal geklärt.

Aber meist beginnt es dann ja doch aus freiem Willen. Der Zwang kommt erst später, wenn man die hilfsbereite Frage, ob man Unterstützung brauche beim Ausdrücken schwer erreichbarer Pickel am Rücken, zwar noch mit «Nein» beantwortet, aber dafür schon mal an der Unterhose des anderen gerochen hat, nicht aus sexueller

Begierde, sondern um zu wissen, ob sie in die Wäsche müssen. Vielleicht ist das der Moment, in dem man glaubt, einen gewissen Anspruch aneinander zu haben, das Recht, angeguckt zu werden, wenn man egal welcher Tätigkeit nachgeht, die weniger an der eigenen Würde kratzt als das Beschnüffeln dreckiger Unterwäsche.

Er und Sie sind eindeutig schon über den Dreckige-Unterwäsche-Punkt hinaus, denn sie freuten sich so sehr, von einer fremden Person angesprochen zu werden, dass sie mir noch auf der Straße ihre halbe Lebensgeschichte erzählten. Sie ging ungefähr so:

Er und Sie kannten sich schon als Kinder. Sie ist der Sohn eines Schusters und Er die Tochter eines Bäckers, und so brachte Sie ihr Schuhe und Er ihm Brot. Heute bringen sie einander immer noch Schuhe und Brot, denn erstens kann man Schuhe und Brot immer gebrauchen, und zweitens haben sie es nicht anders gelernt. Er und Sie haben nie irgendwem anders Schuhe und Brot gebracht, immer nur einander. Wenn jemand fragt, ob Er oder Sie ihm oder ihr nicht auch mal Schuhe oder Brot bringen möchte, sagen sie: «Man muss sich ja nicht jeden Schuh anziehen.» Und dann lachen sie laut, denn Er und Sie erzählen nie irgendwem anders Witze, immer nur einander. Deshalb finden sie einander auch lustig.

Nur einmal hat Er jemand anders einen Witz erzählt. Der Witz war so lustig, dass Er und dem anderen vor lauter Lachen die Kleidung von den Körpern fiel. Und Er und der andere fielen auch, und zwar in ein Bett. Aufeinander fielen sie und dann ineinander, aus Versehen und doch immer wieder. So zumindest erzählte Er es Sie, als ihr Bauch sich langsam wölbte. Offenbar konnte man vom Lachen schwanger werden, wenn man dabei nackt war.

Als Sie die Geschichte hörte, legte Sie seine Hände auf Ers Bauch und sagte, er würde bei Er bleiben, denn vor Lachen umzufallen könne nun wirklich jedem mal passieren. Außerdem versprach Sie, dem Kind ein guter Vater zu sein, bestand aber darauf, es Ernst zu nennen, und zwar unabhängig davon, ob es ein Junge oder ein Mädchen werden würde. Denn dann könnte Sie immer, wenn eine unliebsame Elternaufgabe anstünde, guten Gewissens sagen: «Das ist doch nicht mein Ernst!»

Sie lachte, und Er lachte mit, obwohl es ein wirklich sehr schlechter Witz war. Sie lachten jedes Mal, wenn jemand fragte, wieso sie ihre Tochter Ernst genannt hätten, und sie lachten jedes Mal, wenn eine unliebsame Elternaufgabe anstand, immer darauf bedacht, währenddessen bekleidet zu sein, um nicht vor lauter Lachen erneut schwanger zu werden.

Das ist im Großen und Ganzen alles, was Er und Sie jemals erlebt haben. Natürlich war es anders geplant. Schon mit neun Jahren beschlossen sie, die Welt zu bereisen. Sie standen in Ers Kinderzimmer, eine Weltkarte an der Wand und Dartpfeile in den Händen. Sie wollten je einen Pfeil auf die Karte werfen, und an einem der beiden getroffenen Orte würden sie später leben.

Sie warf den ersten Pfeil – und traf das Bücherregal einen halben Meter links von der Karte. Keiner von beiden wusste, was da sein sollte. Der Weltraum, wahrscheinlich. Da sie aber beide keine Astronauten werden wollten, beschlossen sie, dass Ers Pfeil ihr Schicksal besiegeln würde. Mit zitternder Hand stellte Er sich vor die Karte, warf – und traf Berlin. Da wohnten die beiden aber schon. Also zuckten sie mit den Schultern und gaben ihre Weltreisepläne auf. Sie hatten ihr Ziel erreicht, ohne sich zu rühren.

Und jetzt stehen sie also in meinem Wohnzimmer und geben sich große Mühe, nicht allzu irritiert zu gucken. Was ihnen aber schwerfällt, weil Julia sich zwischen sie gedrängt hat und beiden zärtlich über die Köpfe streichelt.

«Ihr habt ssso schöne Haare!», säuselt sie, kippt dann aufs Sofa und legt ihren Kopf auf dem Schoß des Kassierers ab, der vor Schreck seinen Cocktail verschüttet.

Er und Sie haben Sekt dabei.

«Danke», sage ich, als sie ihn mir feierlich überreichen. Ein bisschen froh bin ich, dass sie mir keine Schuhe und kein Brot mitgebracht haben. Aber lustig ist es trotzdem, dass alle Sekt mitbringen. Sekt zu Silvester ist wie ein Kinogutschein zum Geburtstag: für den Beschenkten nicht unbrauchbar, aber für den Schenkenden ein trauriges Manifest der eigenen Einfallslosigkeit.

Auch lustig finde ich, dass Er und Sie um kurz nach zehn reingekommen sind. Zehn Uhr ist eine vernünftige Uhrzeit, um zu einer Party zu gehen. Zehn Uhr ist die Uhrzeit, auf die man sich nach sorgfältiger gemeinsamer Abwägung einigt. Zu früh zu kommen würde seltsam wirken und zu spät zu kommen unhöflich. Und merkwürdigerweise sind Paare häufig sehr darauf bedacht, nach außen nicht seltsam oder unhöflich zu wirken. Ich vermute, das hat vor allem damit zu tun, dass man in einer Beziehung erst merkt, wie seltsam man selbst eigentlich ist. Und wie labil die Fassade der Höflichkeit.

Er und Sie gucken sich skeptisch um. Es ist klar: Sie sehen diese Party als Aufgabe, die es zu bewältigen gilt. Ich stelle mir vor, wie sie vorhin zu Hause angekommen sind, die Schuhe ausgezogen und sich auf dem Sofa ausgestreckt haben, um dann zu sagen: «Ach, wir müssen ja nachher noch zu dieser Party!»

Es ist einfach, alles als Pflicht anzusehen. Es bewahrt einen vor dem Wollen. Etwas zu wollen ist weitaus schwieriger, denn dazu muss man ja entscheiden, was man will. Also muss man. Man muss arbeiten gehen, man muss sich mal wieder mit diesem befreundeten Pärchen treffen, man müsste wirklich mehr Rücksicht auf die Umwelt nehmen. Aber man will nicht. Und damit haben die eigenen Handlungen nichts mehr mit einem selbst zu tun, weil sie ja nicht dem eigenen Willen, sondern einem Zwang von außen folgen. Wahrscheinlich sagen Er und Sie auch einmal in der

Woche: «Ach, wir müssen ja heute noch Sex haben!» Und dann haben sie Sex. Nicht, weil sie wollen, sondern weil die Gesellschaft es verlangt. Wer keinen Sex miteinander hat, darf sich nicht einfach «Paar» nennen. Und ein Paar wollen – nein, müssen! – Er und Sie sein, denn sie haben sich so früh im Leben getroffen, dass sie nur einander gelernt haben. Sie können ihre Lieblingsmelodien auf der Körperbehaarung des anderen spielen und passen ineinander wie Puzzleteile. Aber ohne den anderen ist ihnen die Welt zu kompliziert. Sie sind so sehr Paar, dass ihre Einzelteile einfach umkippen würden, wenn man auf die Idee käme, sie auseinanderzurupfen.

Ich lotse Er und Sie in die Küche, denn da ist der Spinatcocktail, und sie sehen aus, als könnten sie Alkohol vertragen. Außerdem ist das hier eine Party, und am Ende landen ja sowieso immer alle in der Küche.

Ich weiß nicht, ob Er und Sie aneinander gescheitert sind. Vielleicht sind sie nur so beschäftigt damit, nicht aneinander zu scheitern, dass sie aus lauter Unachtsamkeit an allen anderen scheitern. Ich sehe ihnen dabei zu, wie sie sich Spinatcocktail eingießen, an ihren Gläsern nippen und einander einen Blick zuwerfen, der eindeutig sagt, dass sie jetzt gerne woanders wären. Ohne den Spinatcocktail. Ohne Julia. Und vielleicht auch ohneeinander.

Ich habe vor kurzem noch einen Witz gehört. Wieder ein Gespräch zwischen einer alten und einer jungen Frau, aber diesmal in einer Bank. Er ist genauso traurig wie der erste:

Junge Frau: «Guten Tag, ich brauche ein Geschenk.»

Alte Frau: «Das ist hier aber eine Bank. Und wir schließen gleich.»

Junge Frau: «Aber ich kaufe meine Geschenke immer hier! Sie haben hier doch dieses, na, sagen Sie schon!»

Alte Frau: «Geld?»

Junge Frau: «Genau, Geld! Das kriegt man ja sonst nirgendwo. Wenn man in anderen Geschäften Geld verlangt, rufen die immer gleich die Polizei.»

Alte Frau: «Sie möchten also Geld verschenken.»

Junge Frau: «Nein, das macht man doch nicht. Ich hätte gern einen Gutschein.»

Alte Frau: «Einen Gutschein?»

Junge Frau: «Einen Gutschein. Über hundert Euro.»

Alte Frau: «Und was soll man damit einlösen können?»

Junge Frau: «Na, hundert Euro.»

Alte Frau: «Sie wollen also einen Scheck.»

Junge Frau: «Genau. Einen Scheck.»

Alte Frau: «Und den wollen Sie verschenken.»

Junge Frau: «Ja, zu Weihnachten.»

Alte Frau: «Zu Weihnachten.»

Junge Frau: «Ist für meinen Freund.»

Alte Frau: «Für Ihren Freund.»

Junge Frau: «Genau. Für meinen Freund.»

Alte Frau: «Zu Weihnachten.»

Junge Frau: «Ja, das machen wir immer so.»

Alte Frau: «Sehr romantisch.»

Junge Frau: «Ja, nicht wahr? Ich schenke ihm einen Scheck über hundert Euro und er schenkt mir einen Scheck über hundert Euro.»

Alte Frau: «Und dann?»

Junge Frau: «Dann nehmen wir beide Schecks und buchen ein schönes Hotel am Meer.»

Alte Frau: «Ach, dann ist es ja doch romantisch.»

Junge Frau: «Ja, sehr. Er fährt im April und ich meist im Juli.»

Alte Frau: «Aber im Juli ist es doch so voll am Meer!»

Junge Frau: «Das macht nichts. Ich bin am Meer auch immer voll.»

Alte Frau: «Ich fahre ja gern im Winter ans Meer. Dann guckt wenigstens niemand.»

Junge Frau: «Wann guckt wenigstens niemand?»

Alte Frau: «Na, im Winter.»

Junge Frau: «Im Winter guckt niemand?»

Alte Frau: «Nicht am Strand. Und nicht auf meinen Bikini.»

Junge Frau: «Sie tragen im Winter Bikini?»

Alte Frau: «Am Strand schon. Unter dem Wintermantel natürlich.»

Junge Frau: «Das ist wirklich sehr klug von Ihnen.»

Alte Frau: «Ja, es ist sowieso viel besser, im Winter Bikini zu tragen.»

Junge Frau: «Wieso?»

Alte Frau: «Weil man da dünner ist. Einfache Thermodynamik. Es ist kalt, alles zieht sich zusammen. Es ist auch alles viel fester, wenn es ein bisschen gefroren ist.»

Junge Frau: «Und niemand guckt.»

Alte Frau: «Genau, niemand guckt.»

Junge Frau: «Bekomme ich jetzt meinen Scheck?»

Alte Frau: «Natürlich. Soll ich Herzchen dazumalen?»

Junge Frau: «Wieso das denn?»

Alte Frau: «Ich dachte, das könnte Ihrer Beziehung vielleicht helfen. Möchten Sie nicht das Lächeln auf seinen Lippen sehen, wenn er die Herzen entdeckt?»

Junge Frau: «Ach, ich guck ihm doch nicht beim Auspacken zu!»

Alte Frau: «Wieso denn nicht?»

Junge Frau: «Wir nehmen für Weihnachten immer die Schecks von unseren Geburtstagen und feiern in einem Hotel in den Bergen.»

Alte Frau: «Das ist ja schön.»

Junge Frau: «Ja. Er fährt in die Alpen und ich ins Erzgebirge.»

23:34 Uhr

Es klingelt wieder.

Ich gehe in den Flur, dränge meinen Hund zur Seite,

der knurrend vor der Wohnungstür steht, und öffne die Tür. Vor mir steht ein Knäuel aus Armen und Mündern, das mich keines Blickes würdigt, weil es offenbar damit beschäftigt ist, sich selbst aufzuessen. Dabei strahlt es so ein irritierendes Maß an Verliebtheit aus, dass mein Hund Würgegeräusche macht und sich wieder in seinem Körbchen verkriecht. Was habe ich mir nur dabei gedacht, ein frisch verliebtes Pärchen einzuladen?

«Guck!», sagt das Pärchen. «Wir haben die Liebe gefunden! Und weil wir sie gefunden haben, gehört sie jetzt uns! Uns allein! Nein, uns zu zweit, denn wir werden nie wieder allein sein! Und natürlich teilen wir sie nicht mit dir! Nächstenliebe, *our ass*! Wir sind einander die Nächsten, siehst du das denn nicht? Ja, guck genau hin, so sieht Romantik aus! Um das zu erleben, müsstest du schon einer von uns sein! Oder eine noch frischere Beziehung haben als wir, was aber gar nicht geht, denn wir haben uns erst heute Mittag kennengelernt! Ha! Nimm dies, du Langzeitbeziehungsopfer!»

Natürlich sagt das Knäuel nichts davon wirklich, denn es ist viel zu sehr mit Knutschen beschäftigt. Es ist seltsam, was das frische Pärchensein mit Leuten macht. Gerade waren sie noch erwachsene Menschen, und plötzlich sind sie süße Tierbabys. Kleine, niedliche Kätzchen, die ihre Stupsnasen aneinander reiben und sich ineinanderkuscheln. Glückliche Pärchen sind flauschig wie ein Teppich. Ich glaube, das, was wir uns da millionenfach im Internet angucken, sind gar keine Katzenvideos. Wir gucken uns Videos von glücklichen Pärchen an, ohne es zu bemerken.

Verliebtheit macht uns süß. Im Gegensatz zur Liebe. Die Liebe äußert sich nicht wie ihre pubertäre kleine Schwester in Diddl-Herzen und unkontrollierten Heulkrämpfen, wenn der oder die Angebetete zwei Stunden lang nicht ans Telefon geht. Nein, die Liebe äußert sich darin, dass man entweder gar nicht oder sehr laut lacht, wenn man den anderen beim Pupsen erwischt. Und zwar äußert sie sich nur darin. Alle anderen Liebesbeweise sind Heuchelei. Nicht zu lachen ist okay, wenn der andere sehr schüchtern ist und man seine Gefühle nicht verletzen möchte, und laut zu lachen ist immer okay. Lieber Fäkalhumor als gar kein Humor. Nur halbes Lachen ist nicht okay. So ein hämisches Grinsen, das den anderen im Dunkeln darüber lässt, ob man nun über ihn oder über das Katzenvideo lacht, das man gerade guckt. Wer hämisch ist, liebt nicht.

Überhaupt wird das Pupsen als Strategie gewaltfreier Konfliktbewältigung eklatant unterbewertet. Vor kurzem habe ich mich mit Ulf gestritten. Wir standen einander gegenüber, vereint nur noch in gegenseitiger Verachtung, und genau in einem Moment, in dem wir beide nichts sagten, pupste mein Hund. Danach war der Streit vorbei. Die Situation hatte ihre Autorität verloren. Und ich glaube, das würde auch im größeren Rahmen funktionieren. Das Mittel zum Weltfrieden liegt in einem Körbchen in meinem Wohnzimmer. Man könnte meinen Hund beispielsweise mit Merkel, Trump, Putin, Erdoğan und Kim Jong-un in einen Raum setzen, die internationale Politik wäre um einiges einfacher und friedlicher. Aber das will ich dem Hund nicht antun.

«Kommt rein», sage ich.

Das glückliche Pärchenknäuel schiebt sich durch die Tür, reicht mir eine Flasche Sekt und rollt dann ins Wohnzimmer, wo es sich ohne Umschweife auf das Sofa fallen lässt und anfängt, ungehemmt und sehr unanständig rumzumachen. Dass schon jemand auf dem Sofa sitzt, scheint das Pärchen nicht weiter zu stören. Julia und der Kassierer gucken mich hilfesuchend an, also reiche ich den beiden je eine Hand und ziehe sie unter dem knutschenden Pärchen hervor.

«Küche?», frage ich.

«Ja, ich brauch Alkoholnachschub», sagt Julia. Ich glaube, sie hat recht. Sie lallt kaum noch. Auch der Kassierer nickt. Wir lassen also den Knutschhaufen allein und quetschen uns an Er und Sie vorbei, die in der Türöffnung zur Küche stehen und das Pärchenknäuel feindselig anstarren. Hass ist ja in der Regel vor allem traurig, aber der Hass langjähriger Pärchen auf frisch verliebte Pärchen ist auch ein bisschen lustig. Sie sind neidisch auf die Jugend der anderen Beziehung, auf die Gänsehaut und die Aufregung und die Harmonie. Und dabei merken sie gar nicht, wie sehr sie dieser Hass eint. Nicht dass das schön wäre. Aber auf eine verschrobene, alte, müffelige Art ist es sehr romantisch.

In der Küche wasche ich mir die Hände. Heute war so viel los, dass mein Gehirn gar nicht so oft wie sonst ans Händewaschen gedacht hat. Irgendwann habe ich mal mitgezählt, an einem normalen Tag, und bin auf vierzigmal gekommen. Vierzigmal Hände unter Wasser halten, einseifen und Dreck abwaschen. Ich schüttele jemandes Hand, wasche mir die Hände, berühre eine Türklinke, wasche mir die Hände, vermute, dass mich ein Mensch mit mangelnder Mundhygiene zu intensiv angeschaut hat, wasche mir die Hände. Ich komme nach Hause, wasche mir die Hände, streichele den Hund, wasche mir die Hände, füttere den Hund, wasche mir die Hände, füttere mich selbst, wasche mir die Hände, gehe aufs Klo, wasche mir die Hände. Man könnte meinen, es sei mein Hobby, dabei tue ich es gar nicht gerne. Es ist ein bisschen wie eine Sucht. Oder Verliebtheit. Ich bin ins Händewaschen verliebt. Leider ist es eine ungesunde Liebe. Vierzigmal am Tag die natürliche Fettschicht der Haut wegzuspülen kann ja nicht gut sein. Deshalb muss ich mir die Hände auch vierzigmal eincremen, damit die Haut das weggewaschene Fett zurückbekommt. Mein Kopf ist ein Perpetuum mobile der Sinnlosigkeit.

Ich muss an das Kaninchen denken. Ob es wohl Kaninchen mit Waschzwang gibt? Vielleicht hätte ich es abduschen sollen, nachdem es im Klo gebadet hat. Aber ich hatte halt andere Dinge im Kopf. Dass meine Freunde nie wieder mit mir reden würden, zum Beispiel. Als Mark Twain behauptete, es sei schwieriger, Freunde wieder loszuwerden als sie zu gewinnen, hatte er wohl gerade kein Kaninchen zur Hand.

Ich setze mich zu Julia und dem Kassierer an den Küchentisch. Julia ist gerade damit beschäftigt, Er und Sie in die Küche zu locken.

«Hey, ihr da mit den schönen Haaren!», ruft sie. «Gleich ist Mitternacht, wir müssen noch Blei gießen!»

Er und Sie lösen sich widerwillig vom Anblick der jungen, wilden Liebe auf dem Sofa und setzen sich zu uns an den Tisch. Julia kramt ein Bleigießset aus ihrer Handtasche. Hurra, denke ich. Sekt und Bleigießen. Wir sind echt total krass individuell.

«Kann mal jemand *Dinner for One* anmachen?», frage ich. «Sonst vergesse ich noch, dass heute Silvester ist.»

Der Kassierer überhört die Ironie. Er kramt sein Telefon aus der Tasche, und eine halbe Minute später stolpert Freddie Frinton auf dem kleinen Handydisplay zum ersten Mal über den armen Tigerkopf.

Julia zündet eine Kerze an und reicht dem Kassierer den Löffel und einen Bleiklumpen.

«Du fängst an», sagt sie.

«Aber wir gucken doch gerade *Dinner for One*», sagt er.

Julia verdreht die Augen.

«Das ist ein Sketch über eine einsame alte Frau, die nicht damit klarkommt, dass all ihre Freunde tot sind», sagt sie. «Wie deprimierend ist das denn?»

Ich schaue sie an. Da hat sie auch wieder recht. Und der Sketch ist für meinen Geschmack ein bisschen zu nah an der Realität. Im echten Leben bin ich die einsame Frau, und anstatt mit imaginären Freunden zu feiern, habe ich mir eine Gruppe Fremder eingeladen. Ich bin eine traurige alte Dame, ich wusste es bis heute nur noch nicht.

«The same procedure as last year?», fragt Freddie Frinton.

«The same procedure as every year, James», sagt May Warden.

Ich nehme das Telefon und schalte das Video ab. Julia lächelt mich an. Dann wendet sie sich dem Kassierer zu, der gerade sein erstes Bleikunstwerk ins Wasser gegossen hat.

«Das ist ein Herz!», sagt Julia. «Du wirst nächstes Jahr deine große Liebe finden!»

Sie klimpert mit den Wimpern. Der Kassierer klimpert zurück. Nach seiner Beautysession mit Julia ist er so stark geschminkt, dass sein blumiges Äußeres kaum noch zu seinem schüchternen Inneren passt. Aber wenigstens trägt er keinen Nagellack. Ich hasse Nagellack.

Er und Sie untersuchen das Bleigebilde.

«Hm», sagt Sie. «Kann sein, dass das ein Herz ist. Aber ein richtiges Herz. Also das Organ, nicht das Symbol für

Liebe. Vielleicht stirbst du also nächstes Jahr an einem Herzinfarkt.»

«Sie!», ruft Er. «Nun sei doch nicht immer so!»

Ich strahle Er und Sie an. Ständig sagen sie so schöne Altpärchensachen. Der Wunsch, der andere möge nicht immer so sein, wie er ist, stellt sich ja auch nicht am ersten Tag einer Beziehung ein. Er wächst erst langsam über die Jahre, in denen der andere immer so ist, wie er ist, jeden Tag, bis man sich irgendwann wünscht, er wäre ab und zu mal anders. Einfach nur zur Abwechslung. Oder er macht Herzinfarktwitze in fremder Gesellschaft, und man schämt sich, weil man mit der Zeit so sehr zusammengewachsen ist, dass man längst vergessen hat, ob man sich nun für die eigenen Handlungen oder die des anderen zu schämen hat.

«Du bist dran», sagt Julia und schiebt den Löffel und die Kerze in meine Richtung.

«Och nö», sage ich. «Ich glaube sowieso nicht an so was.»

«Darum geht's doch gar nicht», sagt Er.

«Genau», sagt Julia. «Es geht darum, dass ...»

«Frohes neues Jaaahr!», brüllt es aus dem Wohnzimmer.

Das muss das glückliche Pärchen gewesen sein, doch als wir unsere Köpfe durch die Küchentür stecken, um nachzusehen, ist es schon wieder tief in seinem Knutschmodus versunken. Aber das Pärchen hat recht: Es ist Mitternacht. Vor dem Fenster böllert sich die Welt in die Geisterlosigkeit, es knallt und raketet und sternenschauert, es blitzt und grölt. Und so wird mir erspart zu erfahren, worum es beim Bleigießen wirklich geht, denn das neue Jahr hat es geschafft, Julia abzulenken.

«Wo ist der Sekt?», kreischt sie, was wirklich eine lustige Frage ist, weil meine halbe Wohnung mit Sektflaschen vollgestellt ist. Wir gießen ein und stoßen an und trinken aus, wir umarmen uns und wünschen einander ein frohes neues Jahr. Alles wie immer. Alles wie überall. Wir prosten dem knutschenden Pärchen zu, das aber nicht reagiert. Offenbar hat es für diese Nacht bereits die maximale Sekundenanzahl erreicht, die es seine Münder voneinander trennen kann. Nur Er und Sie prosten dem Pärchen nicht zu, sondern gucken es wieder böse an. Vielleicht ist das ihre Art, ihm ein frohes neues Jahr zu wünschen.

Ich versuche, Ulf anzurufen, komme aber nicht durch. Ist ja auch eine dumme Idee, in der Silvesternacht um kurz nach Mitternacht telefonieren zu wollen. Man sollte nie wollen, was alle wollen. In den Schulferien in den Urlaub fahren, zum Beispiel, oder am Tag vor Heiligabend Weihnachtsgeschenke kaufen oder samstags zu Ikea fahren. Oder vor Krieg fliehen. Jeder Mensch versteht, wieso jemand vor Krieg oder Armut oder Diskriminierung flieht. Aber wenn es zu viele wollen, nimmt dieses Verständnis plötzlich rapide ab. Und dann darf man nicht mehr wollen, was man will, weil es alle wollen. Egal, wie lebensentscheidend es sein mag.

Wenn mir als Kind gesagt wurde, ich solle irgendwas seinlassen, wurde dies meist begleitet von dem Satz: «Stell dir vor, das würden alle machen!»

In seiner Idee, mich auf die Konsequenzen, die mein Handeln auf andere Menschen hat, hinzuweisen, mag der Satz sinnvoll gewesen sein. Aber mich hat er nur gelehrt, dass es nie eine gute Idee ist, wenn alle genau dasselbe machen. Egal, was es ist. Wenn nun beispielsweise plötzlich alle Eltern der Welt ihr Kind unbedingt Alex nennen wollen würden. Dann wäre die Erde in ein paar Jahren nur noch von Alexandras und Alexanders bevölkert. Ich weiß nicht, ob sie das verkraften würde.

Die ganze Idee der Individualität ist also nicht schlecht. Sie ist sogar so gut, dass man sie nicht den immer gleichen zur Selbstfindung nach Indien reisenden Zwanzigjährigen überlassen sollte. Leider ist Individualität sehr anstrengend. Erstens kann man sich nie mit irgendwem einig sein. In allen Gesprächen muss man sagen: «Gutes Wetter? Nee, find ich scheiße. Und das Meer mochte ich noch nie. Und was finden die Menschen nur an Schokolade? Geh mir weg mit Sex! Weißt du, was mich interessiert? Das Jagdverhalten der asiatischen Riesenhornisse, das interessiert mich!»

Und zweitens muss man ständig Dinge wollen, die sonst niemand will. Die Dinge muss man aber erst mal suchen. Es gibt siebeneinhalb Milliarden Menschen auf der Welt. Über hundert davon haben am Wikipedia-Eintrag über die asiatische Riesenhornisse mitgeschrieben. Es ist schwierig, etwas zu finden, das wirklich niemanden interessiert. Aber wenn man es gefunden hat, wenn man sich Ziele sucht, die sonst wirklich niemand erreichen will, dann sinkt die Wahrscheinlichkeit zu scheitern auf nahezu null Prozent. Es würde sich beispielsweise empfehlen, sich selbst zum großen Gefängnis-Fan auszubilden. Und sich als Lebensziel zu setzen, dass man ins Gefängnis kommt. Das will sonst niemand, schafft man also locker. Vielleicht ist das der einzig wahre Weg zum Erfolg: sich sehr, sehr dumme Ziele zu setzen.

Scheitern an der Welt

Popeye, der Feminismus und die Mitgemeinten

Die Welt ist eine gute Felswand. An ihr zu scheitern ist einfach, denn sie ist ja überall. Man kann ihr nicht ausweichen und sie nicht weiträumig umfahren. Und egal, wie viel Mühe man sich gibt: Irgendwann knallt es immer. Sie kann einem nicht gleichgültig sein, denn auch die Gleichgültigkeit ist ein Teil von ihr. Man kann sich nicht von ihr abwenden. Sie ist groß und schön und hässlich und klein zugleich. Sie ist alles, was wir kennen, und alles, was wir haben. Sie ist unser Endgegner. Wir haben keine Chance, gegen sie zu gewinnen. Sie beherrscht jede Kampfsportart und besiegt uns in jeder Disziplin. Wir sind David, aber Goliath ist nur einer ihrer Zwerge.

Das Scheitern an der Welt ist eine seltsame Mischung aus Tabuthema und Sympathiefaktor. Wenn Menschen scheitern, gibt es zwei Möglichkeiten. Entweder verschweigen sie es, weil sie sich für ihr Scheitern schämen, oder sie sagen: «Ich bin grandios gescheitert.»

Niemand mag die wirklich Gescheiterten, die am Boden

liegen und stinken, weil ihnen Grund und Möglichkeit zur täglichen Körperhygiene abhandengekommen sind. Niemand setzt sich zu einem Bettler auf die Straße und fragt: «Hey, was bist du eigentlich für einer?»

Aber zugleich gilt das Kokettieren mit dem Scheitern als total sympathisch. Wir wollen nicht hören: «Ich verdiene eine Million Euro im Jahr und habe eine Facebookseite mit ebenso vielen Likes!»

Wir wollen hören, dass der Millionär sagt: «Wisst ihr, was? Ich kann echt überhaupt nicht tanzen!» Das gilt als charmant. Und wenn er dann noch sagt, er sei am Tanzen «grandios gescheitert», liegen wir alle zu seinen tanzunfähigen Füßen.

Einfach so zu scheitern reicht nicht. Wenn schon, dann grandios. Natürlich wohnt dem Ausdruck ein ironisches Augenzwinkern inne, aber es schwirrt doch die Illusion umher, man könne charismatischer scheitern als andere. Als wäre das Scheitern nur eine weitere Disziplin, in der es zu gewinnen gilt. Die Buchhandlungen stehen voll mit Ratgebern, die ein «erfolgreiches Scheitern» versprechen, ein gestärktes Hervorgehen aus allen Niederlagen, ein Umwandeln von Schwächen in Stärken. Aber Schwächen sind Schwächen, und das sollen sie auch bleiben. Wenn ich nicht singen kann, muss niemand das Notensystem für mich umschreiben, sodass es zu meinen schiefen Tönen passt. Wenn ich nicht singen kann, sollte ich damit klarkommen, anstatt es mir schönzureden.

Es gibt sie ja. Diese Leute, die immer, wenn etwas schiefgeht, sagen: «Für irgendwas wird es schon gut sein.» Aber Scheitern ist scheiße. Man sollte es sein lassen. Es ist deprimierend und peinlich und immer genau das Gegenteil von dem, was man will. Wer versucht, sich das ins Positive zu lügen, ist gleich noch mal zum Scheitern verurteilt. Ich habe einen viel besseren Vorschlag für alle, die in allem an der Spitze stehen wollen: immer alles richtig machen!

Ich glaube, der wahre Sinn des Scheiterns liegt in seiner Existenz. Es ist gut, dass es das Scheitern gibt. Zumindest als Möglichkeit. Aber letztlich ist es immer nur dann sinnvoll, wenn es nicht eintritt. Es ist der Abgrund, der uns dankbar für die Brücke macht. Der Winter, der uns den Sommer würdigen lässt. Es ist Daniel Küblböck, dessen bloßes Dasein uns jede Note richtiger Musiker genießen lässt. Es ist wie eine streng riechende Großtante, die nicht zu Familienfeiern kommt: Es macht uns glücklich durch seine Abwesenheit. Ohne die Gefahr zu scheitern würde der Erfolg keinen Spaß machen. Das Leben wäre wie ein Hürdenlauf ohne Hürden. Und ohne Laufen. Beziehungsweise ohne Hüpfen, wenn man ein Kaninchen ist.

01:09 Uhr

«Bitte schön», sage ich und deute auf den Futternapf. Sofort stürzt sich mein Hund darauf und fängt an zu fressen. Julia hat das Bleigießen wiederaufleben lassen, deshalb bin ich in den Flur geflohen, um den Hund zu füttern. Eigentlich habe ich gar keine besondere Abneigung gegen Bleigießen. Ich habe nur keine Lust, mir von Sie erzählen zu lassen, welches meiner Organe im nächsten Jahr meinen Tod verursachen wird. Inzwischen hat er nämlich nicht nur den Bleiklumpen des Kassierers als Herzinfarkt, sondern auch Julias als Nierenversagen, Ers als leichten Schnupfen und dem des knutschenden Pärchens als eine Kombination aus Krebs, Demenz und Muskelschwund gedeutet.

Es klingelt. Ich öffne die Wohnungstür.

Vor mir steht eine Frau, die ich noch nie gesehen habe. Zumindest auf den ersten Blick. Mein zweiter Blick sagt mir, dass es die Pfandflaschenfrau ist, versteckt unter einer dicken Make-up-Schicht und gewandet in ein blau schimmerndes Ballkleid.

«Huch», sage ich.

«Wo ist der Spinat?», fragt sie.

Ich bringe sie in die Küche, in der die anderen gerade eine zweite Runde Bleigießen veranstalten, offenbar hoffend, diesmal optimistischere Vorhersagen zu erhalten. Ich nehme einen Teller, lege einen Spinatmuffin darauf und gieße ein Glas Spinatcocktail ein. Die Pfandflaschenfrau guckt den Teller und das Glas an. Ich lege noch einen Spinatjoint dazu.

«Huch», sagt sie. Dann nimmt sie den Cocktail, schlürft ihn in einem Zug halb leer und zündet sich anschließend den Joint an. Jetzt lehnt sie an der Spüle, raucht, trinkt und wirkt recht zufrieden mit sich und der Welt. Ich beschließe, sie Popeye zu nennen. Popeye, die Pfandflaschenfrau. Sie sieht aus wie ein deplatzierter, aber sehr eleganter Siebziger-Jahre-Filmstar. Alles an ihr ist unpraktisch, aber stilvoll: Das Kleid rüscht und wölbt und wellt sich in alle Richtungen, ihre Pfennigabsätze bohren Löcher ins Linoleum, und ihre langen Wimpern fächeln den Rauch in Kringeln durch den Raum. Meine Küche kriegt Minderwertigkeitskomplexe neben ihr. Und als wäre das alles nicht genug, hat sie auch noch glitzernde Augenbrauen. Sie hat sich funkelnde Steinchen in einer geschwungenen Linie über die Augen geklebt, um ihr Gesicht zu schmücken.

Mein innerer Monk findet Schmuck meist eklig. Wahrscheinlich, weil er so nah am Körper getragen und ständig vollgeschwitzt wird. Aber ich verstehe Schmuck vor allem nicht. Wir schmücken unsere Finger mit Ringen und unsere Wohnungen mit Bildern. Wir schmücken die Liebe mit Kerzenschein und die Stille mit Musik. Wir hängen große Kugeln an unsere Weihnachtsbäume und kleine Kugeln an unsere Ohrläppchen. Ich frage mich, wer als erster Mensch auf die Idee gekommen ist, sich etwas ans Ohrläppchen zu hängen. Und warum? Inwiefern macht es jemandes Leben besser, wenn er etwas am Ohrläppchen hängen hat? Das ist fast so sinnvoll wie falsche Wimpern. Irgendwann haben wir entdeckt, dass wir Wimpern haben, und dachten: Joa, mhm, ganz nett, aber lasst uns mal falsche Wimpern erfinden, die wir über die echten Wimpern kleben können, denn die echten schmücken uns einfach nicht gut genug! Wir schmücken uns miteinander und mit unseren Taten und mit Superlativen. Wir schmücken unsere Wände mit Wandtattoos. Wandtattoos! Ist die Wand an sich nicht genug? Sie schützt uns vor Kälte und Wind und Löwen. Das ist ihre Funktion. Reicht das nicht? Müssen wir sie wirklich schmücken, damit sie uns glücklich macht?

Natürlich hat der Mensch eine Schwäche für Schönheit. Er ziert sich gerne. Er trägt seinen Status und seine Zugehörigkeit und seine Errungenschaften nach außen, ob nun durch Ringe, Kreuze oder BVB-Trikots. Aber vielleicht liegt der eigentliche Grund für Schmuck darin, dass uns die Funktionalität der Dinge nicht genug ist, weil wir, damit sie genug sein könnte, die Funktion aller Dinge kennen müssten. Und weil irgendetwas in uns ahnt, dass das Leben an sich keinen Sinn und keine Funktion hat. Deshalb schmücken wir es. Mit Wandtattoos, falschen Wimpern und Ohrläppchenbehang. Und, wie ich seit ein paar Minuten weiß, auch mit glitzernden Augenbrauen.

«Was machen Sie eigentlich beruflich?», frage ich.

«Ich bin Schauspielerin», sagt Popeye. «Und du kannst mich ruhig duzen, wir sind hier in Berlin.»

Schauspielerin. Gut, das hätte ich auch erraten können.

«Ich frage mich immer», sage ich, «ob es ‹schauspielern› oder ‹schauspielen› heißt.»

Sie schaut mich an.

«Wirklich?», fragt sie. «Das fragst du dich? Alle anderen fragen immer nur, ob man davon leben kann.»

«Und, kann man?»

«Ich lebe ja noch», sagt sie und zieht an ihrem Spinatjoint. «Aber eigentlich wollte ich immer Kellnerin werden. Ich war bloß nicht gut genug.»

Ich bin mir nicht ganz sicher, ob sie das ernst meint. Aber ich mag den Gedanken. Vielleicht wäre die Welt ein besserer Ort, wenn nur Menschen Schauspieler werden würden, die es als Kellner einfach nicht geschafft haben.

Natürlich gäbe es dann viel mehr schlechte Filme. Die Hauptdarsteller würden lustlos ihren Text runterrasseln und sich auf die Drehpausen freuen, in denen sie das Catering durch die Gegend tragen können. Sie würden sich darüber unterhalten, bei welchen Bars sie vorsprechen wollen, um endlich den Absprung aus dem Filmbusiness zu schaffen. Nach Drehschluss würden sie in teuren Restaurants essen gehen, um mit einer Mischung aus Neid und Bewunderung die Kellner bei der Arbeit beobachten zu können. Sie würden sich nach Bescheidenheit sehnen und danach, nicht wahrgenommen zu werden. Sie würden es hassen, umsorgt zu werden und Autogramme zu geben. Sie würden dienen wollen. Keinem Land und keinem Gott und nicht sich selbst, sondern anderen Menschen. Schon als Kinder würden sie davon träumen, ein Hauself zu sein. Sie würden Weinflaschen öffnen und Teller tragen und Bier zapfen üben, bis sie wieder jemand vor die Kamera zerrt. Sie würden sich dafür schämen, berühmt zu sein, was wirklich blöd wäre, weil man so schlecht heimlich berühmt sein kann.

Und wenn sie es dann doch endlich schaffen würden, wären sie die freundlichsten Kellner der Welt. Sie wären so dankbar, ihren Traum leben zu können, dass sie jeden Gast mit Zungenkuss begrüßen würden. Fröhlich würden sie durch das Restaurant tanzen und doppelte Portionen verteilen, und am Ende würden sie den Gästen Trinkgeld geben, auf Kosten des Hauses, was das Haus aber gar nicht so gut fände, sodass sie schon nach einem Tag gefeuert werden und wieder auf dem Filmset landen würden. Und so bekämen wir auf der Leinwand nur die gescheiterten Existenzen zu sehen, die traurigen Abgehängten, die einfach nie eine Chance bekommen oder ihre Chance nicht genutzt hätten. Man hätte Mitleid mit ihnen, weil sie ihr Leben in der oberflächlichen Schönheitswahnwelt der roten Teppiche und ihre Freizeit mit anderen Filmstars verbringen müssten. Weil sie Fans hätten und Geld und teure Kleider. Weil sie in Luxushotels schlafen und sich den ganzen Tag bedienen lassen müssten. Die Welt ist ungerecht, würde man denken. Und dann würde man ein Glas Wein eingießen, es einem Gast bringen und wissen, dass man den besten Job der Welt hat.

Popeye wedelt mit ihrer Hand vor meinem Gesicht herum.

«Hallo, bist du noch da?», fragt sie.

«Klar», sage ich. «Ich bin nur kurz abgeschwoffen.»

Popeye runzelt die Stirn. Wahrscheinlich hat sie es nicht so mit Grammatik.

«Du bist immer am Pfandflaschenautomaten, wenn ich da vorbeikomme», sage ich.

«Ich bin ja auch siebenundsechzig.»

«Na und? Ist das so ein Ding, das man mit siebenundsechzig macht? Kommt man ins Rentenalter und denkt am letzten Arbeitstag: Hui, und jetzt auf zum Pfandflaschenautomaten?»

«Ich bin siebenundsechzig, und ich bin Schauspielerin», sagt sie. «Meine Rente ist ein Witz, und meine Rollenangebote sind so selten, wie sie langweilig sind. Ab und zu darf ich noch jemandes Großmutter spielen. Das reicht aber nicht zum Mietezahlen.»

«Also kannst du doch nicht davon leben.»

«Ich konnte. Ich war ja mal jung und hübsch.»

«Na und?», frage ich. «Jetzt bist du alt und hübsch!»

«Ja, das stimmt», sagt sie. «Aber dazwischen war ich mittelalt. Und du weißt ja, wie es ist im Mittelalter: Frauen sind Hexen. Und Hexen werden nicht gebucht.»

Sie gießt sich einen neuen Spinatcocktail ein.

«Es ist seltsam», sagt sie, «wie alle etwas von dir wollen und plötzlich niemand mehr. Irgendwann bin ich von junger Frau zu nicht mehr ganz so junger Frau geworden.

Und damit war ich plötzlich uninteressant. Eine alte Frau ist ein anderes Lebewesen als eine junge Frau. Sie hat einen anderen Lebensraum, ernährt sich anders und hat ein anderes Sozialverhalten. Sie hat eine andere Funktion in der Welt. Die junge Frau ist eine Frucht, die alte der dazugehörige knorrige Baum. Und manchmal frage ich mich, wann genau das passiert ist. Es muss ihn ja gegeben haben, den einen Moment, in dem ich von junger Frau zu nicht mehr junger Frau geworden bin. Vielleicht bin ich da gerade über die Straße gelaufen und jemand hat mir dabei zugesehen. Der hat sich dann bestimmt sehr gewundert. Oder ich hatte einen One-Night-Stand, der neben einer jungen Frau eingeschlafen und neben einer alten Frau aufgewacht ist. Der hat sich dann auch sehr gewundert.»

«Boahbistubitter», lallt Julia, die gerade vom Küchentisch zu uns rübergestolpert kommt. Offenbar hat sie sich wieder ihren Pegel angetrunken. Sie hat gut reden, denke ich, schließlich ist sie Julia Roberts. Natürlich hat sie trotzdem recht. Popeye ist eine bittere Frau. Aber was soll sie denn machen? Wer zu alt ist, um süß zu sein, wird halt sauer oder bitter.

Jetzt verstehe ich auch, wieso sie immer so lange braucht, um die Flaschen in den Automaten zu werfen: Sie kann nicht gut loslassen. Sie hängt an ihrer Vergangenheit wie andere am Alkohol. Sie gibt sie nur flaschenweise her, greift, streicht, atmet und seufzt, bevor es piept und der Pfandrückgabeautomat einen weiteren Moment ihres

Lebens aufsaugt und zum Recycling schickt. Sie klammert sich an alte Filme und an alte Fotos, auch wenn diese fast schon so faltig sind wie sie selbst. Sie greift nach ihrem Erfolg von früher, als sei er eine Hand, an der sie sich festhalten könnte.

Popeye wirft Julia einen vernichtenden Blick zu.

«Vielleicht bin ich bitter», sagt sie langsam. «Aber vielleicht habe ich auch Grund dazu. Und vielleicht hätte ich weniger Grund, wenn Frauen altern dürften, ohne dafür verstoßen zu werden. Wenn es eine wirkliche Gleichstellung der Geschlechter gäbe. Und wenn junge Frauen wie du nicht verdrängen würden, dass sie auch mal alt und unter dem testosterongeladenen, sexualisierenden Blick unserer Gesellschaft auf den weiblichen Körper leiden werden.»

Hui, da sind wir also. Ich hatte befürchtet, dass wir beim Thema Feminismus landen würden.

Ich habe ein merkwürdiges Verhältnis zum Feminismus. Er macht mich wahnsinnig. Er quält mich. Er geht mir so sehr auf die Nerven, dass ich wünschte, ich hätte einen Sack, auf den er mir gehen könnte. All die politische Korrektheit, die Humorlosigkeit und die Sätze, die immer länger und länger werden, weil man überall ein «*innen» dranhängen muss. Er ist unpoetisch und unsexy und anstrengend. Und er hat einen doofen Namen. Gendern verwandelt die Schönheit eines jeden Satzes in Scheiße. Nicht mal «man» darf man noch sagen. Überhaupt darf

Mann überhaupt nichts mehr sagen, vor allem nichts über Frauen, egal wie tautologisch es auch sein mag. Wenn ein Mann sagt: «Frauen sind, wie Frauen sind», kommt bestimmt hinter irgendeinem Busch eine Feministin hervorgesprungen und ruft, was für eine unverschämte, verallgemeinernde und sexistische Äußerung das doch sei.

Natürlich bin ich diese Feministin. Aus voller Überzeugung. Es fühlt sich nur seltsam an, einem Ismus anzugehören, von dem man wünscht, es gäbe ihn nicht. Ich glaube nicht, dass zum Beispiel Buddhisten auch wünschten, es gäbe keinen Buddhismus. Oder Kapitalisten, es gäbe keinen Kapitalismus. Aber ich wünschte, es gäbe keinen Feminismus. Er ist ein Kampf, und Kämpfe sind immer kacke. Aber leider sind nicht alle Kämpfe grundlos. Niemand muss Feminismus toll finden. Er ist ja kein Hobby. Wer ein Hobby sucht, soll sich ein schnelles Auto kaufen. Zumindest die Männer. Frauen sollen natürlich stricken lernen. Oder von mir aus einen Wikipedia-Eintrag über die asiatische Riesenhornisse schreiben.

Feminismus ist wie das Kondom, das man erst noch kaufen gehen muss, obwohl man schon nackt zusammen im Bett liegt: Ohne wär's einfacher, aber langfristig meist nur für den Mann. Er ist ein notwendiges Übel. Also nicht der Mann, sondern der Feminismus. Aber das ist eben der Punkt: Er ist notwendig. Wer also genervt ist vom Feminismus, möge ihm doch seine Notwendigkeit entziehen. Der Feminismus hat nämlich neben all den anderen unsympathischen Eigenschaften noch eine weitere: Er hat recht. Er ist der kleine, nervige Streber in der ersten Reihe, den niemand ausstehen kann. Der im Deutschunterricht anfängt, die Grammatik der anderen zu berichtigen, bis ihn sogar der Lehrer hasst. Alle wissen, dass es stimmt, was er sagt, aber niemand hat Lust, ihm zuzuhören. Und natürlich kann man ihn dafür in die Mülltonne stecken, um einen Tag lang Ruhe zu haben. Aber glaubt wirklich jemand, dass er davon weggeht? Oder cooler wird? Man sollte ihn lieber mal zu einer Party einladen. Sozialkompetenz lernt man nicht in Mülltonnen.

Und natürlich nervt Feminismus. Jede Instanz, die uns sagen will, was wir tun sollen, nervt: unsere Eltern, Lehrer, die Polizei, morgendliche Radiomoderatoren, die verlangen, dass wir den Tag genießen, Kalendersprüche, die verlangen, dass wir jeden Tag genießen. Das nervt alles. Aber recht hat der Feminismus trotzdem. Und eigentlich wissen wir das doch alle. Dass wir nur Menschen anfassen sollten, die von uns angefasst werden wollen, dass wir Leute nicht auf ihren Körper reduzieren sollten, egal, wie viel davon sie zeigen, und dass man Frauen nicht Fotzen und Kampflesben und Emanzen und Bitches nennen sollte.

Wenn ich feministische Forderungen stellen würde, sähen sie ungefähr so aus:

1. Bezahlt Frauen gleich gut wie Männer, haltet euch von ihrer Würde fern und erniedrigt sie nicht.

2. Es sei denn, das ist nun mal ihr Fetisch, dann immer los.
3. Haltet Frauen nicht für unfähig, ein Unternehmen zu leiten oder Autos zusammenzuschrauben, denn beides tut man meines Wissens nicht mit dem Penis.
4. Wenn ihr doch mit dem Penis Autos zusammenschrauben könnt: Geht nach Hause, dreht YouTube-Videos und werdet reich!
5. Seid trotzdem keine Arschlöcher.
6. Feminismus wird man nicht los, indem man ihn bekämpft. Feminismus wird man los, indem man Sexismus bekämpft. Und wenn dieser Kampf ausgefochten ist, dann können die Feministen stricken lernen und die Feministinnen schnelle Autos kaufen, die ihr und eure Penisse zusammengeschraubt habt. Und dann können wir uns endlich alle wieder mit anderen Dingen beschäftigen.

Das wären meine Forderungen. Und sobald sie erfüllt wären, würde ich nie wieder über Feminismus sprechen. Im Gegensatz zu Popeye. Sie spricht über den Feminismus wie über einen alten Freund, der ihr zwar nur bedingt helfen kann, aber immerhin auf ihrer Seite ist.

«Ich wollte nie Kellnerin werden», sage ich, um das Thema zu wechseln. «Aber Profi-Fußballerin.»

Popeye beäugt mich kritisch und schüttelt dann den Kopf.

«Kannste vergessen», sagt sie. «Du hast keine Fußballbeine.»

Julia kichert und legt mir einen betrunkenen Arm um die Schultern.

«Nnniemand mag Frauenfusssball», lallt sie. «Für Fusssball musstu schonn Mann sein.»

Ich gucke Julia an. Ihr Gesicht ist nur wenige Zentimeter von meinem entfernt. Ihre Augen, ihre Poren und ihr Atem schwitzen Alkohol aus. Trotzdem habe ich den Verdacht, dass sie solche dummen Dinge auch nüchtern sagen würde. Sie sieht meinen Blick, grinst und legt nach: «Wer Frauenfussball guckt, sagt auch ‹Frauschaft› und ‹Faninnen›.»

Das hat mir gefehlt. Eine Diskussion mit einer betrunkenen Julia über die Notwendigkeit des Genderns.

Ich finde, es gibt genau ein gutes Argument gegen das Gendern: Es ist hässlich. Aber viele von uns sind auch hässlich. Und trotzdem dürfen wir existieren.

Ein Argument, das mir viel häufiger begegnet, ist: «Wenn jemand ‹Guten Morgen, liebe Kollegen› sagt, wisst ihr doch, dass ihr mitgemeint seid.»

Man stelle sich vor, man sei Bartträger und arbeite in einem Unternehmen, in dem zwei Drittel Männer ohne Bart und ein Drittel mit Bart angestellt sind. Und jeden Morgen sagt der Chef: «Guten Morgen, liebe Glattrasierte!»

Das hätte sich halt so entwickelt. Das würde man halt so sagen. Und alle wüssten, dass die Bärtigen mitgemeint wären. Vermutlich würde man irgendwann denken: Wenn du mich meinst, dann sprich mich auch an!

«Guten Morgen, liebe Bärtige und Bartlose!», könnte der Chef ja sagen. Klingt aber umständlich. Oder «Liebe Menschen!» könnte er sagen, um die Gesichtsbehaarung gar nicht erst als Kriterium anzuführen. Aber das funktioniert mit den Geschlechtern nun mal nicht. Unsere Sprache ist so konzipiert, dass in den allermeisten Fällen herauszuhören ist, welches Geschlecht gemeint ist. Und in der Regel ist es das männliche. Außer, es geht um die Arbeit mit kleinen Kindern. Da müssen auch Männer als Erzieherin arbeiten. Was genauso bescheuert ist.

Oder man stelle sich vor, die Angebetete des Bartträgers würde jedes Mal, wenn er sagt, dass er sie liebt, nur «Aha» antworten. Weil sie ihm ja schon mal gesagt hat, dass sie ihn auch liebt, vor ein paar Jahren. Deshalb weiß er ja jetzt, dass das gemeint ist. Oder sie stöhnt beim Sex «Joachim», obwohl er Holger heißt, und sagt: «Ach komm, du weißt doch, dass du mitgemeint bist.»

Funktioniert, ist aber nicht schön.

Eigentlich ist Gendern nicht mehr als der Versuch, zu sagen, was man meint. Das kann Menschen doch nicht allen Ernstes so wütend machen! Natürlich ist es anstrengend. Wir haben die Welt einmal gelernt. Das war eigentlich anstrengend genug. Und dann besitzt sie auch noch die Frechheit, nicht so zu bleiben, wie sie war. Also müssen wir Dinge neu lernen. Das ist doppelt so anstrengend, weil es immer auch bedeutet, dass wir das bisher Gelernte hinterfragen müssen. Aber so ist sie nun mal, die Welt. Sie hört auch auf die Mitgemeinten. Die sind nämlich nicht nur gemeint, die haben auch eine Meinung.

Plötzlich ist noch ein drittes Gesicht ganz nah an Julias und meinem. Popeye hat sich an uns herangepirscht. Sie schnaubt vor Wut. Mit ihrem starken rechten Arm packt sie Julia am Kragen, hebt sie ein paar Zentimeter vom Boden ab, was sehr beeindruckend aussieht, weil sie einen Kopf kleiner ist als Julia, und sagt: «Wenn Frauen wie du nicht wären, hätten alle anderen Frauen viel weniger Probleme.»

Mir ist diese Solidarität, die Frauen anderen Frauen abverlangen, immer ein bisschen suspekt. Schließlich ist das Frausein in den seltensten Fällen die eigene Entscheidung. Ist es also nicht sexistisch, von Julia als Frau mehr Solidarität zu fordern als von einem Mann? Aber vielleicht ist es auch verständlich. Gerade in einer Zeit, in der Leute den Feminismus zu vereinnahmen versuchen, die zugleich Frauen-an-den-Herd-Parteien wählen.

Ich stelle mir vor: Wenn sich dieser Tage eingefleischte Feministinnen und Feministen und eingefleischte Star-Wars-Fans über den Weg laufen, nicken sie einander nur wissend zu. Es muss ihnen ähnlich gehen: Jahrelang widmen sie sich mit ehrlicher Hingabe ihrer Sache, investieren Zeit und Mühe, führen Grundsatzdiskussionen und setzen soziale Kontakte aufs Spiel. Und jetzt wollen plötzlich alle mitmachen. Vor allem Leute, die keine Ahnung haben, worum es eigentlich geht. Bei Star Wars geht es nicht mehr um die Geduld und den Fleiß und die Demut der Jedi-Ritter, sondern um plötzlich aufploppende Superkräfte. Und beim Feminismus geht es nicht mehr um die Gleichstellung der Geschlechter, sondern darum, dass uns diese verdammten Ausländer jetzt auch noch den Sexismus wegnehmen. Und weil es nicht ausreicht, über diese verdammten Ausländer zu schimpfen, werden eben auch Feministen und vor allem Feministinnen beschimpft, die nicht mitschimpfen wollen. Zumindest nicht so, wie die Schimpfenden es gerne hätten. Ist ja auch frustrierend. Da haben sie gerade so ein schönes neues Hobby entdeckt, und plötzlich wollen die anderen nicht mehr mitspielen.

Ich habe mal von einem Mann gehört, der Möhse mit Nachnamen heißt. Möse mit H. Das ist nicht schlimm, aber lustig. Sein ganzes Leben lang muss er sagen: «Guten Tag, mein Name ist Möse mit Haar.» Das ist schon schlimm. Die Welt hat für ihn entschieden, worüber er Witze zu machen hat. Und welches Repertoire an Witzen er sich immer und immer wieder anzuhören hat, weil jede neue Bekanntschaft denkt, dass er dieses eine total lustige Wortspiel mit seinem Namen bestimmt noch nie gehört hat. So ist es manchmal, Frau zu sein. Die Welt hat für dich entschieden, worüber du zu schimpfen hast. Aufgrund deines Geschlechts bist du verpflichtet, über die Gleichstellung der Geschlechter zu reden. Weil die Gleichstellung der Geschlechter ja nur Frauen etwas angeht. Außer natürlich, diese verdammten Ausländer mischen sich ein. Dann geht die Gleichstellung der Geschlechter vor allem Nazis etwas an. So einfach lassen wir uns unseren Sexismus schließlich nicht wegnehmen.

Es ist schon seltsam, wenn Frauen erklären müssen, dass sie es zwar schlimm fänden, von einem Flüchtling sexuell belästigt zu werden, aber nicht schlimmer als von einem Nazi. Manchmal heißen alle Frauen Möse mit Haar. Wir müssen uns erklären. Und einander. Und diese verdammten Ausländer.

Julia kichert über Popeyes Wut, klammert sich aber gleichzeitig an meinem Hals fest. Ich kriege kaum noch Luft, also entwinde mich ihrem Griff und lasse Popeye und Julia allein in der Küche zurück.

Im Wohnzimmer sind die beiden Pärchen in einem hasserfüllten Blickduell gefangen. Allerdings geben sich Er und Sie eindeutig mehr Mühe. Sie starren das frisch verliebte Pärchen wütend an, während dieses das Duell knutschend und mit geschlossenen Augen bestreitet. Das muss man auch erst mal schaffen, denke ich. Ein Blickduell gewinnen, ohne hinzugucken. Ich gehe ins Badezimmer, wo sich der Kassierer gerade in die Toilette erbricht. Ich frage mich, ob er zu viel Spinatcocktail getrunken oder nur das T-Shirt-Knäuel in der Badewanne gerochen hat. Da er aber gerade nicht in der Lage zu sein scheint, mir Auskünfte zu erteilen, wasche ich mir die Hände, greife nach der Handcreme, flüchte durch den Flur ins Schlafzimmer und rufe Ulf an.

«Weißt du, was ich gerade gedacht habe?», frage ich, als er ans Telefon geht.

«Nee, was denn?»

«Wenn Frauen Fußball spielen, heißt das Frauenfußball. Vielleicht sollte man, wenn Frauen arbeiten, das Ganze auch Frauenarbeit nennen. Das macht es leichter, sie von der richtigen Arbeit zu unterscheiden.»

«Mhm», sagt Ulf.

Durch den Hörer schallt die Musik von *Rocket League*. Offenbar sitzt Ulf an seinem Laptop. *Rocket League* ist sein neues Lieblingscomputerspiel. Es ist gleichzeitig Autorennen und Fußballspiel. Man fährt also mit den Autos gegen den Ball und schießt damit Tore. Und was macht der Ball, wenn er im Tor ist? Er explodiert! Ich habe Ulf noch nie so glücklich erlebt. Fußball und Autos und Explosionen. Das Einzige, was fehlt, sind Zombies.

«Und dann», sage ich, «muss man auch gar nicht mehr vergleichen, wie viel Männer und Frauen für die gleiche Arbeit bekommen, weil es zwei verschiedene Disziplinen sind. Wenn ein Mann sie macht, ist es Arbeit, wenn eine Frau sie macht, ist es Frauenarbeit.»

«Krass», sagt Ulf, «wenn man den Turboboost anmacht,

kommt Feuer aus den Autos!» Er fährt ein Tor. Bumm, macht der Ball.

«In der Frauenarbeit geht alles ein bisschen langsamer», sage ich, «weil Frauen nicht so schnell laufen können und nicht so schwer heben und nicht so schnell denken. Da fehlt die Dynamik! Da werden auf dem Weg vom Schreibtisch zum Drucker drei Paar Schuhe gekauft und zwei Kinder geboren. Wer will denn so was sehen? Geschweige denn bezahlen?»

«Boah, ich kann fliegen!», ruft Ulf und schießt noch ein Tor. «Bum!», macht der Ball.

«Wir können ja froh sein, dass man uns mitspielen lässt, uns Frauen», sage ich. «Wer sind wir denn, die Maßstäbe anzuzweifeln, an denen man uns misst?»

«Und wenn ich ganz schnell fahre, kann ich sogar an der Wand entlangfahren!», sagt Ulf.

«Außerdem haben wir ein Prioritätenproblem!», rufe ich. «Sind wir doch selbst schuld, wenn wir lieber pflegebedürftige Menschen aus Betten statt Ware aus Regalen heben!»

«Und an der Decke!», sagt Ulf.

«Oder Kinder kriegen!», sage ich. «Überall wollen wir gleichberechtigt sein, aber das mit dem Kindergebären beanspruchen wir immer noch ganz für uns allein!»

«Los, Turboboost, booste mich, wie du noch nie jemanden geboostet hast!», ruft Ulf.

«Ich hab mal gelesen», sage ich, «dass die Frauennationalmannschaft nicht mal gegen eine Bezirksligamänner-mannschaft eine Chance hätte. Und da wundern wir uns, dass wir Frauen über 50 Prozent weniger Rente kriegen!»

«Boost, Boost, Boost!», ruft Ulf.

«Und klar, Gründe gibt es immer, aber das sind alles Ausreden. Eigentlich haben wir Frauen es einfach nicht drauf», sage ich. «Zurück an den Herd mit uns!»

Kurz ist es still, dann sagt Ulf: «Vielleicht hast du recht. Aber vielleicht, nur vielleicht, sollten wir auch einfach aufhören, Frauenfußball Frauenfußball zu nennen.»

«Auf keinen Fall», sage ich. «Wenn wir das täten, wäre alles, was ich gerade gesagt habe, völliger Unsinn gewesen.»

«Auch wieder wahr», sagt Ulf. «Aber seit wann interessierst du dich für Frauenfußball?»

«Seit mir aufgefallen ist, dass ich niemals Profi-Fußballerin sein werde», sage ich. «Und seit sich meine Party zu einem feministischen Stuhlkreis entwickelt.»

Ulfs *Rocket-League*-Musik geht aus, und ich höre, wie er seinen Laptop zuklappt.

«Frohes neues Jahr übrigens», sagt er dann.

«Ach, da war ja was», sage ich. «Hast du dir Vorsätze gemacht?»

«Nee, ich war zu beschäftigt mit meiner streitfreudigen Verwandtschaft und meiner verstorbenen Großtante.»

«Ich finde immer seltsam, wenn man sagt, jemand sei verstorben», sage ich. «Das klingt, als hätte er etwas falsch gemacht. Wenn ich durch den Wald gelaufen bin, ist das okay. Aber wenn ich mich im Wald verlaufen habe, war ich sehr dumm. Und wenn jemand gestorben ist, ist das traurig. Aber wenn er sich verstorben hat, ist das ein bisschen lustig. Als hätte er sich im Datum vertan und wollte eigentlich erst morgen sterben. Oder er hat sich im Sarg verlegen und hat jetzt Rückenschmerzen.»

Aus der Leitung raschelt es, als Ulf sich ins Bett legt.

«Was würdest du tun», fragt er, «wenn du nur noch einen Tag zu leben hättest?»

«Irgendwas total Langweiliges», sage ich. «Damit die Zeit nicht so schnell vergeht. Die schönsten Bahnstrecken Deutschlands gucken oder so. Oder ich würde mich verlieben. Also nicht in dich, sondern in irgendjemanden, der mich garantiert nicht zurückruft. Dann würde ich Minute um Minute und Stunde um Stunde auf mein Telefon starren und darauf warten, dass irgendein kleines Lämpchen auf dem Display blinkt, und dabei würde ich eine traurige Melodie auf meinen angespannten Nerven zupfen und mir anschließend eine Peitsche daraus bauen, um die langsam kriechende Zeit anzutreiben, die aber nur noch langsamer werden würde, weil sie ja schon alt wäre und kurz vor ihrem Ende stünde. Und dann würde plötzlich das Telefon klingeln, aber es wäre nur meine Mutter, der ich sagen würde, ich riefe sie morgen zurück, bevor mir einfiele, dass es ja kein Morgen mehr gäbe. Aus lauter Verzweiflung würde ich eine Flasche Rotwein kippen und anschließend sehr betrunken meinen neuen Schwarm anrufen und ihm auf die Mailbox lallen, dass ich mit ihm zusammen sein will bis ans Ende meiner Tage, also ans Ende meines einen Tages, was längst nicht so romantisch klänge. Und wenn die Welt untergehen würde, käme es als eine Erlösung, weil es dann vorbei wäre und weil er endlich einen guten Grund hätte, mich nicht anzurufen.»

«Aha», sagt Ulf. «Aber ist es mit dem Verlieben nicht wie mit dem Versterben? Wenn man jemanden geliebt hat, ist es okay, aber wenn man sich verliebt hat, ist es ein Fehler?»

«Das wär lustig», sage ich. «Dann sagt man nach jahrelanger Beziehung: ‹Oh, huch, Verzeihung, ich hab mich leider verliebt. Ich meinte den Typen neben dir!›»

«Genau», sagt Ulf. «Und ich finde übrigens, du solltest an deinem letzten Tag nur mich lieben.»

«Das geht nicht», sage ich. «Du würdest mich ja zurückrufen.»

«Na gut», sagt Ulf. «Ich verspreche, dass ich dich nicht anrufen würde, wenn du morgen sterben würdest.»

«Das klang nicht ganz so romantisch, wie es gemeint war, oder?», frage ich.

«Nee, nicht ganz», sagt Ulf. «Nicht ganz.»

Scheitern am Oben

*Doctor Who, das Ork
und Fifty Shades of AfD*

Noch schlimmer, als sich zu versterben oder zu verlieben, ist, wenn man sich verlebt. Wenn man also aus Versehen alles falsch macht im Leben. Immer in die falsche Richtung guckt, zum Beispiel. Der Mensch hat die Neigung, sich nach oben zu orientieren. Es ist fast egal, wo auf der Karriere- oder sonstigen Leiter er sich befindet: Hauptsache, es geht bergauf. Also guckt er nach oben, bis er Nackenschmerzen kriegt, und sieht nie, was unter ihm ist. Nach unten schauen lassen ihn nur Höhenangst oder Skrupel, und beides hat der Mensch nicht gerne. Es kann doch kein Zufall sein, dass wir einer so wichtigen moralischen Gefühlsregung wie Skrupel einen so hässlichen Namen gegeben haben. Skrupel. Das klingt wie diese harten Popel, die man besser lassen sollte, wo sie sind, weil man sonst Nasenbluten bekommt: «Hör auf zu skrupeln, Kind, das macht man nicht in feiner Gesellschaft!»

Das Morgen zählt immer mehr als das Gestern, deshalb freuen sich alle, wenn es bergauf geht. Fahrradfahrer, zum

Beispiel. Bergab kann man sich ja einfach rollen lassen, immer schneller werden und den Gegenwind einatmen. Wer will denn so was? Bergab kann man die Hände vom Lenker nehmen, sie nach rechts und links strecken und entgegenkommende Fußgänger ohrfeigen. Oder Leonardo DiCaprio spielen, was moralisch in etwa gleich schlimm sein dürfte. Bergab ist für Luschen. Oder für Rentner, die sich einen Motor in ihr Fahrrad einbauen lassen. Für die geht's immer bergab. Es ist die Spannungsentladung zwischen uns und dem Erdmittelpunkt. Aber es muss bergauf gehen! Wir wollen strampeln, sonst glauben wir nicht, dass wir vorwärts kommen. Wir pflastern die Welt mit Phallussymbolen, um dem Himmel nah zu sein. Dann strecken wir unsere Hand nach ihm aus – nach dem Himmel, nicht dem Phallus – und sind beruhigt, wenn wir ihn noch nicht ganz greifen können. Denn was greifbar ist, ist angreifbar, und wer nach oben angreift, auf den hagelt es Scherben.

Der amerikanische Komiker Groucho Marx sagte, er wolle keinem Club angehören, der ihn als Mitglied aufnehmen würde. Und ich fürchte, vielen Menschen geht es ähnlich. Und die sind noch nicht mal Komiker, die meinen das ernst. Sie gucken einander an und sagen: «Ich will doch nur dein Bestes.» Und wenn sie das Beste des anderen haben, laufen sie hämisch kichernd weg und geben es niemals zurück. Sie sind gefangen zwischen dem Obenstehenwollen und dem Nachobenguckenwollen.

Und wer sich nicht nach oben orientiert, wem die Spitze

zu weit weg ist, der richtet sich nach dem Mittelmaß. Den Genügsameren reicht es, über dem Durchschnitt zu liegen, denn das Mittelmaß entscheidet, zu welcher Gruppe wir gehören: alt oder jung, dick oder dünn, klug oder dumm. Doch sobald jemand überdurchschnittlich ist, hebt er den Durchschnitt an, sodass andere Menschen, die zuvor noch mittelmäßig waren, plötzlich unterdurchschnittlich werden. Die gesellschaftliche Verantwortung würde es also eigentlich gebieten, sich stets unterhalb des Mittelmaßes zu bewegen. Oder es genau zu treffen. Dann ist man der durchschnittlichste Mensch der Welt, kann sich also sogar mit einem Superlativ schmücken.

01:52 Uhr

Als ich aus dem Schlafzimmer komme, sitzen Er, Sie, das glückliche Pärchen, der Kassierer, Julia und Popeye im Wohnzimmer und spielen Flaschendrehen mit einem Tortenheber. Tortenheberdrehen. Einer fehlt noch: Doctor Who, der Späti-Mann. Offenbar hat er immer noch nicht Feierabend. Oder er hat einfach Besseres zu tun.

So richtig viel Motivation steckt allerdings nicht in dem Tortenheberspiel. Das glückliche Pärchen knutscht weiterhin auf dem Sofa. Er und Sie sitzen daneben, starren die Wand an und schließen abwechselnd genervt die Augen, immer genau drei Sekunden lang, als wollten sie sagen: «Noch einen Moment länger, und ich bringe die Knutschbestien um!»

Julia und der Kassierer, der sich anscheinend fertig übergeben hat, sitzen auf dem Boden und streicheln meinen Hund, der im Gegenzug gnädigerweise das Knurren aufgegeben hat. Und Popeye thront auf einem Sessel und lässt alle paar Sekunden den Tortenheber auf dem Wohnzimmertisch kreisen, spricht aber keine Aufgaben aus, wenn der Tortenheber auf jemanden zeigt.

Stattdessen sagt sie: «Sein Haupthaar ist so gelb, jemand muss ein Ei auf seinem Kopf aufgeschlagen haben.»

Der Kassierer sagt: «Seine Politik ist so braun, jemand muss einen Haufen Scheiße auf seinen Kopf geworfen haben.»

Und Julia sagt: «Das mag ja alles sein, aber der Erfolg gibt ihm recht.»

Offenbar unterhalten sie sich über den amerikanischen Präsidenten. Ich bleibe auf der Türschwelle stehen und frage mich, wie sie den thematischen Bogen vom Frauenfußball zu Trump geschlagen haben. Und warum? Er ist ohnehin schon viel zu präsent in unserem Leben. Es hat in den letzten zwei Jahren keinen einzigen Tag gegeben, an dem ich kein Bild von Donald Trump gesehen habe. Das kann doch nicht gesund sein.

Außerdem frage ich mich, wieso es jemanden interessiert, wem der Erfolg recht gibt. Der Erfolg ist ein Arschloch. Er ist untreu und opportunistisch. Und er hat schlechten Geschmack. Wer für sein Verhalten den Erfolg als moralische Instanz heranzieht, der isst auch Kinder. Würde Donald Trump sagen. Ist Heidi Klum eine von den Guten, weil sie erfolgreich ist? Hatte Hitler nur unrecht, weil sich nach anfänglichem Zuspruch am Ende der Erfolg von ihm abgewandt hat? Ist Erdoğan der moralische Sieger des Flüchtlingsabkommens? Sollte *Atemlos durch die Nacht* unsere neue Hymne werden? Glaubt wirklich irgendjemand, dass die Welt durch einen fünften *Ice-Age*-Film zu einem besseren Ort wird? Und wenn wir die Welt so haben wollen, wieso sind wir dann nicht konsequent? Vielleicht machen Gerichte alles falsch. Wieso werden Mörder verurteilt? Wenn wir uns nach der Logik des Erfolgs richten, sollten wir diejenigen verurteilen, deren Opfer noch leben. Einfach, weil sie es nicht geschafft haben, die Luschen! Das würde auch die Gerichtsverhandlungen schön kurz machen: «Soso, Sie wollten also Ihre Nachbarin umbringen. Und, ist sie tot? Ja? Sehr gut, alles richtig gemacht!»

Wir sollten die ganzen Weltenretter einsperren, weil sie es ja sowieso nicht schaffen, die Welt zu retten. Und die Tierschützer. Und die Gleichstellungsbeauftragten. Wir sollten die Gefängnisse mit Gescheiterten füllen. Du hast deinen Job verloren? Ab in den Knast mit dir! Deine Eltern haben dich nie geliebt? Ab in den Knast mit dir! Deine Freundin hat dich für einen Nazi verlassen? Lebenslänglich! Wer für einen Nazi verlassen wird, hat wirklich keine Ausrede mehr. Außer, er ist selbst Nazi und wurde für jemanden verlassen, der ein kleines bisschen weniger Nazi ist. Dann ist es fast schon wieder okay. Aber trotzdem: Niemand sollte Mitgefühl erwarten. Das hier ist Rechtsprechung, und dein Misserfolg gibt dir unrecht! Und ich finde, wir sollten früh damit anfangen. Das Kind fällt vom Klettergerüst? Ab in den Knast mit ihm!

Erfolg hat immer etwas mit Masse zu tun. Erfolgreich ist, wer viel Geld verdient, viel Macht und viel Sex hat, viele Wählerstimmen oder viele Follower auf Twitter vereint. Erfolg ist immer ein bisschen Weltherrschaft. Es gibt nur eine Ausnahme: die Liebe. Um in der Liebe erfolgreich zu sein, muss man nur einen einzigen Menschen von sich überzeugen. Was aber meist nicht funktioniert. Oder nur ein bisschen. Oder nur für eine Weile.

Was für ein dummes Konzept! Wir sollten die Liebe gleich mit einsperren. Hass ist viel effizienter. Wer jemanden hasst, kriegt ihn schon dazu zurückzuhassen. Außerdem ist es viel leichter, alle zu hassen, als alle zu lieben.

Julia wedelt mit ihrer Hand vor meinem Gesicht herum.

«Hallo, bist du noch da?», fragt sie.

«Ja», sage ich. «Ich bin nur abgeschwuftet.»

Julia kichert und setzt sich wieder auf den Boden.

«Du bist voll der Freak», sagt sie.

Ich muss lachen.

«Und das von einer, die sich als alte Schulfreundin ausgibt, um Silvester nicht alleine feiern zu müssen», sage ich. «Wer macht denn so was, ohne Freak zu sein? Hast du sonst keine Freunde?»

Oh. Das hat der Alkohol provokativer klingen lassen, als ich es wollte. Julia guckt mich kampflustig an. Dann dreht sie sich zum Kassierer um.

«Woher kennt ihr euch eigentlich?», fragt sie.

Ich schlucke. Verdammt. Das ist die Frage, die ich heute Abend am wenigsten hören wollte. Dicht gefolgt von «Wann kriegt ihr eigentlich mal Kinder?» und «Wie stehst du zu Kaninchen?».

Ich hatte irgendwie nicht daran gedacht, dass Partygäste die Neigung haben, miteinander zu sprechen. Und dass es schwirig sein würde, Silvester mit Fremden zu feiern, ohne sie merken zu lassen, dass sie alle Fremde sind. Ich hatte es mir so vorgestellt, dass sich jeder Gast für den einzigen Fremden unter Freunden hält. Aber Freundschaften sind eben schwirig zu imitieren. Vor allem, wenn die fiktiven Freunde gar nicht wissen, dass das ihre Aufgabe ist.

«Aus dem Supermarkt», sagt der Kassierer.

«Ach, wie schön», sagt Julia und strahlt mich überlegen an.

«Genau wie wir!»

Sie dreht sich zu Popeye.

«Und was ist mit euch?»

Popeye guckt mich nachdenklich an.

«Auch aus dem Supermarkt.»

Ich verdrehe die Augen.

«Bist du jetzt fertig?», frage ich.

«Nicht ganz», sagt Julia und wendet sich Er, Sie und dem verliebten Pärchen zu, das vor Schreck aufgehört hat zu knutschen. Er und Sie haben die Chance genutzt und sich zwischen das Pärchen gequetscht, woraufhin ein kleines Handgemenge ausgebrochen ist. Jetzt sitzen sie alle da wie eine erstarrte Krake mit ineinander verschlungenen Armen.

«Woher kennt ihr euch denn?», fragt Julia die Krake.

«Nicht aus dem Supermarkt», sage ich.

Er und Sie gucken sich an.

«Nee, aber von der Straße direkt vor dem Supermarkt», sagt Er.

Das verliebte Pärchen nickt. Julia dreht sich mit triumphierendem Blick wieder mir zu.

«Wer hat hier keine Freunde?», fragt sie. «Und wer ist hier der Freak?»

Popeye lässt den Tortenheber kreisen. Er dreht sich ein paarmal und bleibt dann auf mich gerichtet liegen. Alle gucken mich an. Offenbar bin ich der Freak. Und offenbar macht es Julia sehr sauer, wenn man Vermutungen über ihren nicht existenten Freundeskreis anstellt.

«Und wo ich schon dabei bin», sagt sie. «Was zum Teufel liegt da eigentlich in deiner Badewanne?»

Ich schließe genervt die Augen, genau drei Sekunden lang. Dann stehe ich auf, nehme den Tortenheber vom

Tisch, gehe ins Badezimmer und hole das T-Shirt aus der Wanne. Ich wickele es in Klopapier ein und stecke alles in eine Plastiktüte, die ich wiederum in einen Rucksack stopfe. Danach hole ich meine Jacke, rufe meinen Hund und knalle die Wohnungstür hinter mir zu.

Ich brauche frische Luft. Wenn Julia mich ärgern wollte, hat sie gewonnen. Ich verstehe nicht, wieso Menschen solch einen Drang haben, einander zu ärgern. Nicht weil ich so eine große Menschenfreundin wäre, die will, dass sich immer alle liebhaben, sondern weil es so einfach ist. Wie kann man eine solche Genugtuung ziehen aus etwas, das so leicht ist? Ich könnte mich neben irgendjemanden in der S-Bahn setzen und ihm sagen, dass er ruhig mal wieder duschen könnte oder dass er mich an meinen pädophilen Sportlehrer von früher erinnert oder dass er nach ungewaschenen Achselhaaren riecht. Ich könnte Cola über ihn schütten oder ihm in die Wange kneifen oder ihn mit Gummibärchen bewerfen. Er würde mich für wahnsinnig halten, möglicherweise würde er mir die Nase brechen, aber er würde sich auch ärgern. Es ist ein unfairer Kampf. Mein Ziel ist es, ihn zu ärgern, sein Ziel ist es, sich nicht zu ärgern. Er hat schon verloren, bevor es losgeht. Im Zweifelsfall wird er sich über die Tatsache ärgern, dass ich ihn ärgern will. Und trotzdem fühlen sich diejenigen, die es geschafft haben, jemanden zu ärgern, immer als verdiente Sieger. Warum sonst würden sich Leute Tag und Nacht vor den Computer setzen und die Kommentarspalten und

Facebook-Diskussionen mit provokativem Hass zumüllen? Und warum sonst würde Julia so unsympathisch ihre Überlegenheit zelebrieren, nur weil sie mein freundeloses Silvester durchschaut hat?

Im Treppenhaus liegen ein paar konfettibesprenkelte betrunkene Nachbarn, die sich aber freundlicherweise so drapiert haben, dass mein Hund und ich bequem im Slalom um sie herumlaufen können. Auf halber Höhe liegt meine neue Nachbarin, die schläfrig den Kopf hebt und, als sie mich erkennt, beginnt, mich sehr betrunken anzufeuern. Und das, obwohl ich gar nicht mehr aufräume.

Ich bin froh, als ich endlich auf der Straße bin. Zumindest für einen Moment. Dann fällt mir wieder ein, dass heute ja Silvester ist. Böller zischen durch die Luft, es knallt und brüllt und lacht und wummert, aus verschiedenen Fenstern schallen Bushido, Katy Perry und Enrique Iglesias durcheinander, und in der Kälte riecht es nach Alkohol, verbranntem Plastik und Erbrochenem. Mein Hund schnappt sich sofort einen ausgebrannten Chinaböller und kaut darauf herum. Als ich ihm den Böller aus dem Maul pule, hält ein Taxi direkt vor mir. Doctor Who steigt aus. Ich finde es ein bisschen schade, dass er nicht in einer blauen Telefonzelle hier angekommen ist, aber immerhin ist er da. Ich bin so froh, jemandem zu begegnen, der mich noch nicht für einen Freak hält, dass ich ihm vor Freude um den Hals falle. Er tätschelt unbeholfen meinen Rücken und stellt mich dann wieder auf meine Beine.

«Alles klar?», fragt er und guckt mich skeptisch an. Offenbar ist unsere freakfreie Phase schon vorbei.

«Wieso bist du denn Taxi gefahren?», frage ich. «Du musstest doch nur um die Ecke.»

Doctor Who richtet seine Fliege.

«Ärger», sagt er. «Nazis vor mein Geschäft. Ich raus, gesagt: ‹Geht weg.› Die gesagt: ‹Du geh weg, zurück in deine Land.› Ich gesagt: ‹In meine Land ist Krieg, und in eure Herz ist Hass.› Die gesagt: ‹Wir nicht hassen, wir besorgt.›»

«Oh», sage ich. «Und dann?»

«Die Schlagstock raus, ich weggerannt und in Taxi rein. Dann drei Runden gefahren und jetzt hier.»

Armer Doctor Who. Die Würde des Menschen ist wie eine Klotürklinke. Sie wird ständig angetastet, am liebsten mit dreckigen Händen. Vielleicht wäre es klüger gewesen, ihr ein «Finger-weg!»-Schild umzuhängen, als zu behaupten, sie sei unantastbar. Unantastbar klingt nicht wie ein Verbot, sondern wie eine Unmöglichkeit. Und was will der Mensch, wenn man ihm sagt, etwas sei unmöglich? Er will es ausprobieren. Das ist wie mit der These, man könne nicht am eigenen Ellenbogen lecken. Niemand kann das hören, ohne es kurz darauf heimlich auszuprobieren. So richtig klug ist es also nicht, den Menschen zu sagen: «Guckt mal, das ist die Würde. Es ist unmöglich, sie anzutasten. Probiert es aus.»

Der besorgte Teil Deutschlands besteht aus Leuten, die

sich wie Frodo fühlen. Klein und nicht ernst genommen, doch als Einzige heldenhaft genug, um die Ursache allen Übels zu zerstören. Jeden Montag tragen sie, begleitet von ihren Gefährten, den Ring ein paar Meter weiter gen Mordor, dahin zurück, wo er hergekommen ist, der kleine Asylschmarotzer. Zurück ins Feuer mit ihm! Patriotische Hobbits gegen die Sauronisierung des Auenlands. Ein Heer aus Helden mit haarigen Füßen und huldvollen Herzen. Und das riesige Auge Saurons ist nicht etwa der Überwachungsstaat, sondern das Auge Allahs, der ihnen nicht geheuer ist, weil er einen so lustigen Namen trägt und einen Bart noch dazu, einen Bart, der das halbe Gesicht verdeckt. Aber sie wollen ganze Gesichter sehen und die Haare der Frauen und die Brüste der Frauen. Wie sollen sie denn sonst erkennen, ob es wirklich Menschen sind? Und selbst, wenn es Menschen sein sollten: Sie sind sterblich und schwach und haben meist nicht mal einen Schulabschluss. Wieso sollte man ihnen helfen? Würde nun eine Million gut ausgebildeter Elben an den Pforten Deutschlands stehen, mit lustigen Ohren und einer feschen Prise Unsterblichkeit, sähe die Sache schon anders aus. Aber so?

Mitteleuropa ist ihr Mittelerde, aber sie sind nicht die Helden dieser Geschichte. Ein paar von ihnen mögen Hobbits sein, die einfach nur wollen, dass sich nichts niemals nirgendwo ändert, weil sie gerade die Rasenkanten so schön geschnitten und sich eine Pfeife angesteckt haben. Aber keiner von ihnen ist Frodo. Sie sind nicht mal Gandalf, dabei würden sie sich bestimmt gerne an die Grenze stellen und brüllen: «You shall not pass!»

Nein, sie sind Orks. Sie sehen von innen aus wie Orks von außen. Von allen Rollen haben sie die dümmste erwischt. Sie hätten ein Ent sein können oder Aragorn, sogar Gollum wäre besser gewesen. Aber sie sind zu luschig, um wirklich Endgegner zu sein, und zu feige für Empathie. Penetranter Geruch nach moralischer Verwesung, ein Beil in der Hand und ein Sinn, sie zu ächten. Mehr ist aus ihnen nicht rauszuholen. Und das wirklich Traurige daran ist: Sie spielen die Rolle sogar freiwillig. Weil sie wütend sind. Wütend auf sich selbst und wütend auf die Welt.

Die menschlichen Emotionen werden gerne in vier Gruppen unterteilt: Angst, Freude, Trauer und Wut.

Angst ist wichtig. Würde man keine Angst kennen, dann würde man ständig den Moment verpassen, in dem man besser weglaufen sollte. Falls zum Beispiel mal ein Löwe vor einem steht. Oder Frauke Petry.

Freude ist wichtig. Damit man sich nicht, kaum ist man da, wieder umbringt. Und damit man die Tage genießen kann, an denen Frauke Petry nicht vor einem steht.

Trauer ist wichtig. Falls man eines Tages feststellt: Ich bin Frauke Petry. Und ich kann nichts daran ändern.

Aber wozu ist die Wut gut? Ich stelle mir eine Welt ohne Wut so schön vor. Es gäbe kein Death Metal, weil es niemand für nötig befände, laut zu brüllen. Alle Nazis würden den ganzen Tag weinen, weil sie einfach nicht wüssten, wohin mit ihrer Abneigung gegen alles. Niemand würde mehr «Wir sind das Volk» rufen. Alle, die behaupten, Angst vor Überfremdung zu haben, würden endlich das tun, was sich für Ängstliche gehört: weglaufen. Das ist meine Lieblingsdrohung besorgter Bürger: «Wenn noch mehr Flüchtlinge kommen, wandere ich aus!»

Aber sie tun es nicht. Weil sie wütend sind und ein Revier verteidigen wollen, das ihnen nicht gehört. Weil sie glauben, die Deutschen seien Zauberer und alle anderen Schlammblüter. Ich finde, Rassisten sollten, wenn sonst schon nichts, dann wenigstens Kinderbücher lesen. Wer zu viel auf die Reinheit des Blutes gibt, wird wie Voldemort: ein nasenloser Schlangenmensch mit Vaterkomplex, den es ohne Wut nicht gäbe. Es wäre doch gut, wenn sie das wüssten.

In einer Welt ohne Wut würde ein Staatspräsident, wenn jemand einen Witz über ihn macht, diesen Jemand nicht verklagen, sondern lachen. Niemand würde mehr Bomben bauen oder Krieg führen. Obwohl ein Krieg, in dem niemand wütend ist, bestimmt sehr lustig wäre. Wenn die Leute beim Kriegführen nicht ständig damit beschäftigt wären, einander umzubringen, würde ihnen vielleicht endlich auffallen, wie scheiße sie in ihren Erwachsenen-Pfadfinderkostümen aussehen. Callcenteragenten könnten endlich bei uns allen anrufen und lange, freundliche Gespräche mit uns führen, weil wir einfach keinen Grund hätten aufzulegen. Niemand würde mehr über die Bahn meckern, der Wartesaal beim Jobcenter wäre eine große Party, und das Wetter würde wahrscheinlich ganz von selbst besser werden, weil es nicht mehr ständig beschimpft werden würde. Menschen, die ein trauriges Leben haben, würden, anstatt zu verzweifeln und anderen die Schuld zu geben, ihr Leben trösten. Trump würde sich in Luft auflösen. Frauke Petry wäre nur noch eine leere Hülle, die man mit Güte und Anstand und Demut füllen könnte. Und ihre Partei wäre das, was man findet, wenn man auf Wikipedia nach «Bedeutungslosigkeit» sucht, weil weder Wähler noch Nichtwähler wütend genug wären, um sich von ihr verführen zu lassen.

Man dachte, die Welt würde besser werden, wenn mehr Menschen Bücher lesen würden, und dann kam *Fifty Shades of Grey*. Und man dachte, die Welt würde besser werden, wenn mehr Menschen wählen gehen würden, und dann kam die AfD. Sie ist für Nichtwähler wie Becks Green Lemon für Nichtbiertrinker, wie die Bild für Nichtzeitungleser, wie die Fußballweltmeisterschaft für Nichtfußballgucker. Sie ist wie ein Politik-Schnupperkurs, erster Monat gratis, und niemand liest das Parteiprogramm, obwohl darin ziemlich deutlich steht, dass am Ende doch Menschen bezahlen müssen, wenn auch nicht unbedingt der gut verdienende hellhaarige verheiratete heterosexuelle deutsche Familienvater.

Das Problem ist: Sie sind Politik-Touristen, die Zuerst-nicht-und-jetzt-AfD-Wähler. Sie sehen die Politik wie ein

Land, in dem sie Urlaub machen: Alles ist anders und unübersichtlich, und alle reden seltsam, aber das macht nichts, denn irgendwo gibt es einen Strand, und am Strand ist alles ganz einfach: oben Sonne, hier Sand, da Meer. Zwei Straßen weiter können fremde Sprachen gesprochen oder Menschen unterdrückt oder ausgegrenzt werden, aber am Strand ist es schön. Dieser weiße, blendende Strand ist die AfD. Sie macht Dinge einfach, die nicht einfach sind. Sie ist bequem. Und wenn man sie wählt, spendiert sie allen ein Becks Green Lemon gegen die Wut.

Doctor Who wedelt mit seiner Hand vor meinem Gesicht herum.

«Hallo, du noch da?», fragt er.

Ich muss wirklich mit dem Abgeschweife aufhören.

«Wenn die Nazis herkommen, verprügele ich sie für dich», sage ich.

Doctor Who lacht.

«Wir gehen rein?», fragt er.

«Geh schon mal vor», sage ich. «Einfach klingeln, irgendjemand macht bestimmt auf.»

Als Doctor Who weg ist, setze ich mich auf die Bordsteinkante. Manchmal habe ich das Gefühl, dass nicht wir an der Welt scheitern, sondern die Welt an uns. Sie mag groß sein, wie sie will: Irgendwie haben wir sie kaputtgekriegt. Dabei haben wir alles wie immer gemacht. Wir haben sie morgens hochgefahren, die Welt, sie dann ganz normal verwendet und sie abends auf Stand-by gestellt. Jeden Tag. Schon immer. Keine Zweckentfremdung, alles wie in der Bedienungsanleitung, die zwar keiner von uns gelesen hat, aber in Bedienungsanleitungen steht doch sowieso immer dasselbe: nicht für Kinder unter sechs Jahren geeignet, vor der ersten Inbetriebnahme die Akkus voll laden und keine Katzen darin waschen. Das haben wir alles gemacht mit der Welt. Wir haben ihre Tastatur gereinigt, morgens und abends und immer nach dem Essen. Wir haben sie poliert und geölt. Wir haben sie in den Schlaf gesungen. Wir haben sie gefüttert, und das noch nicht mal jeden Tag mit Fast Food. Wir sind mit ihr Gassi gegangen. Wir haben sie gegossen und in die Sonne gestellt.

Und jetzt ist sie trotzdem kaputt. Sie hat so einen seltsamen Rechtsdrall bekommen, wie ein Rollkoffer, der immer nach rechts abdriftet, wenn man nicht aufpasst. Also muss man ständig gegensteuern. Das strengt den Arm an und die Moral. Aber man tut es trotzdem, denn man weiß: Wenn die Welt zu weit rechts landet, wird es noch anstrengender. Für die Moral, aber vor allem für den Arm. Den muss man dann ständig heben und damit vor sich in den Himmel zeigen, mit allen fünf Fingern gleichzeitig, damit auch jeder versteht, dass es dahinten in der Ferne schöner ist als hier, wo alles nur noch sumpfig und braun ist, kein Ort, an dem man gerne sein möchte. Nicht mal der Teil der Welt, der darauf zusteuert, möchte gern dort sein. Er weiß es nur noch nicht.

Das Taxi, mit dem Doctor Who angekommen ist, parkt immer noch am Straßenrand. Der Fahrer steigt aus.

«Und, wie ist die Party?», fragt er.

Es ist Rubeus.

«Hey, Sie arbeiten ja immer noch!», sage ich. «Na ja, alle streiten oder übergeben sich, aber ansonsten ist es super. Wollen Sie reinkommen? Es gibt Spinatcocktail!»

«Nee, immer noch nicht», sagt er, lehnt sich an seinen Wagen und steckt sich eine Zigarre an. Sofort werden alle Silvestergerüche vom Zigarrenqualm überlagert.

«Wollten Sie nicht nach Hause zu Ihrer Frau?», frage ich.

«Schon. Aber meine Frau hat gesagt, ich darf erst heimkommen, wenn ich dreihundert Euro eingenommen habe. Und mir fehlen noch fünfzig.»

Rubeus beobachtet meinen Hund, der sich jetzt in einer Lache aus Bier und Schwarzpulver wälzt.

«Ist das Ihrer?»

Ich nicke.

«Ich habe auch einen. Der ist aber größer. Und dicker. Und älter.»

«Heißt er Fang?», frage ich.

Rubeus guckt mich verständnislos an, wird jedoch von einer jugendlichen Lärmwolke abgelenkt, die langsam auf uns zuwabert. Die Jugendlichen haben offenbar die nächste evolutionäre Kommunikationsstufe erreicht. Auf dieser Stufe kann man alles sagen, was man will, mit den drei Ausdrücken «Boah ey!», «Oh mein Gott!» und «Hallo? Das geht ja gar nicht!». Die Bedeutung liegt in der Intonation. Wichtig ist nur: Alles muss gebrüllt werden. Leider scheinen die Jugendlichen nicht sehr klug zu sein, denn sie diskutieren laut darüber, ob es eine gute Idee von Angela Merkel war, noch mal zu kandieren. Das ist nicht nur ein seltsames Thema für betrunkene Silvesterfeierer, die Antwort auf die Frage ist auch sehr einfach: Natürlich war das eine gute Idee! Wir alle sollten öfter kandieren. Orangen und Erdbeeren und Kirschen, zum Beispiel.

Ich gucke die Jugendlichen an, die einander gar nicht zu hassen scheinen und sich trotzdem gegenseitig anbrüllen, als würde sonst irgendwas Schlimmes passieren.

«Vielleicht ist das hier ja ein Film», sage ich über den Lärm hinweg zu Rubeus. «Wie *Speed*. Da ist doch dieser Bus, der explodiert, wenn er langsamer fährt als achtzig km/h. Vielleicht explodiert ja unsere Straße, wenn der Lärmpegel unter achtzig Dezibel fällt. Und die Jugendlichen retten uns gerade alle.»

Rubeus zieht an seiner Zigarre.

«Ja, vielleicht», sagt er.

«Immer sind Menschen so laut», sage ich. «Oder klug. Aber nie beides gleichzeitig. Ich glaube, dass man viel mehr Ruhe hätte, wenn man überall auf der Welt Schilder aufhängen würde, auf denen steht: ‹Wenn Sie schon dumm sind, dann seien Sie wenigstens leise.› Es sind nie die Klugen, die laut sind.»

Rubeus schweigt und raucht.

«Oder haben Sie schon mal im Zug gesessen und gedacht: Oh, eigentlich wollte ich schlafen, aber jetzt höre ich doch lieber der sehr lauten Quantenphysikerin zu, die so witzig und unterhaltsam über Atome referiert?»

Rubeus schüttelt den Kopf.

«Sehen Sie?», sage ich. «Das passiert einfach nicht! Ich bin mir ziemlich sicher, dass es einen direkten Zusammenhang zwischen Lautstärke und Dummheit gibt. Ich weiß nur nicht, ob die Lautstärke die Leute dumm oder die Dummheit die Leute laut macht. Deshalb klingt die Menschheit als Ganzes auch so dumm. Weil man immer nur die Schreihälse hört.»

«Na ja», sagt Rubeus. «Intelligenz an sich macht ja auch kein Geräusch.»

«Eben», sage ich. «Und es gibt Fragen, die so dumm sind, dass sie leise gestellt gar nicht denkbar sind: ‹Wollt ihr den totalen Krieg?› zum Beispiel. Natürlich kann man das auch leise fragen, aber das birgt die Gefahr, dass die Leute nachdenken, bevor sie antworten. Und dass sie dann sagen: ‹Nee danke, heute mal keinen totalen Krieg, heute hätte ich lieber total viel Eis oder total viel Torte oder von mir aus eine Total-Tankstelle, aber keinen totalen Krieg. Das ist wirklich eine dumme Frage, Joseph, wer hat dir überhaupt das Mikrophon gegeben?›»

«Na gut», sagt Rubeus. «Dann sind Worte halt nur klug, wenn sie auch leise klug sind. Wo ist das Problem?»

«Das Problem ist, dass das Leise immer zum Scheitern verurteilt ist», sage ich. «Lärm bringt uns viel eher ans Ziel. Babys müssen nur brüllen, und schon kriegen sie ihren Brei. Oder werden US-Präsident. Der Erfolg gibt dem Lärm recht.»

«Und was wollen Sie dagegen tun?», fragt Rubeus und kickt einen Böller zur Seite, den jemand zu uns rübergeworfen hat. Der Böller explodiert drei Meter entfernt.

«Keine Ahnung», rufe ich, um den Knall des Böllers zu übertönen. «Vielleicht sollten wir einfach kandieren. Die Jugendlichen und den Lärm und Silvester. Überhaupt alles. Die Welt muss süßer werden! Wir sollten Zucker über sie streuen. Wir sollten Plakate von Katzenbabys an Häuserwände kleben. Und wenn das nicht reicht, kleben wir halt Katzenbabys an Häuserwände. Hauptsache, süß. Und Hauptsache, leise.»

Rubeus wirft seinen Zigarrenstummel auf den Boden und tritt ihn aus.

«Wie Sie meinen», sagt er. «Aber ist Ihnen aufgefallen, dass Sie das alles gebrüllt haben?»

Ich bin empört.

«Wenn ich nicht brülle, hören Sie mich doch gar nicht!», rufe ich.

Um uns herum böllert und feiert es immer noch. Die Jugendlichen spielen jetzt Bierpong auf der Straße. Der Ball titscht auf dem Asphalt auf, sammelt Dreck und Schwarzpulver ein und befördert alles pflichtbewusst in den Becher mit Bier, den einer der Jugendlichen daraufhin trinken muss. Die Umstehenden grölen.

Ich krame in meiner Tasche und finde einen Fünfzigeuroschein.

«Ich muss hier raus», sage ich und strecke Rubeus den Schein entgegen. «Würden Sie mich dafür in den Wald fahren?»

Scheitern am Immer

*Das tote Kaninchen und die
Sache mit der Ewigkeit*

Ich finde es eine Unverschämtheit, dass wir uns weder die Endlichkeit noch die Unendlichkeit vorstellen können. Wer denkt sich denn so was aus? Nach menschlicher Logik muss eines von beiden existieren, aber die menschliche Logik kann sich keines von beiden vorstellen. Das macht mich wahnsinnig. Das ist doch kein Fehler in der Konzeption mehr, das ist Arschlochgehabe. Gott hat die Welt gebaut und sich gedacht: «Ich mache sie unendlich groß! Nein, doch nur endlich! Oder doch unendlich? Hach, ich weiß nicht, ich weiß nicht. Ach, egal, ich erschaffe einfach nur Wesen, die das einen Scheißdreck interessiert! Und den Menschen! Der Mensch würde es zwar wirklich gerne wissen, aber ich mache ihn zu dumm, um sich auch nur eines von beiden vorstellen zu können! Zack, Problem gelöst! Und wenn ich mit dem Raum fertig bin, mache ich die Zeit. Nichts soll ewig sein, außer der Ewigkeit natürlich. Oder doch nicht? Wird ja auch irgendwann langweilig. Vielleicht sollte also auch die Ewigkeit irgendwann enden.

Oder nicht? Hach, ich weiß nicht, ich weiß nicht. Egal, der Mensch kann sich die Zeit ohnehin nicht endlich und nicht unendlich vorstellen, mit dem Raum hat er es ja auch nicht geschafft. Außerdem hält der Mensch schon zwei Stunden im Jobcenter für eine Ewigkeit. Oder acht Minuten an der S-Bahn-Station. Über die wahrhafte Ewigkeit Bescheid zu wissen, hat er überhaupt nicht verdient!»

Wir können sie uns nicht vorstellen, aber wir lieben sie, die Ewigkeit. Das wohl häufigste Beziehungsgespräch der Welt geht so:

«Liebst du mich?»

«Klar!»

«Für ümmer?»

«Für ümmer!»

Dinge zählen nur, wenn sie für immer sind. In der Liebe sowieso, aber auch sonst. Wir wollen ewig jung sein und niemals in Vergessenheit geraten. Sogar, wenn wir nur ein Regal aufhängen, denken wir: Das bleibt da jetzt hängen. Für ümmer. Sonst hätte sich der ganze Aufwand ja gar nicht gelohnt.

Und wenn es schon ein Ende geben muss, dann wenigstens ein schönes. Wir messen die Dinge am Gefühl, das nachher übrigbleibt. Das Ende entscheidet, ob wir erfolgreich waren oder gescheitert sind. Welches One-Hit-Wonder würde sich wohl noch über seinen großen Erfolg freuen, wenn es wüsste, dass es anschließend im Dschungelcamp landet? Welche Beziehung wäre glücklich, wenn alle Beteiligten von Anfang an darüber informiert wären, dass die Beziehung nach drei Jahren in einer Messerstecherei mündet? Und wer würde sich durch zwei Stunden *Shutter Island* quälen, wenn er wüsste, wie schlecht der Schluss ist?

Wir sind Anfänger. Zum einen, weil wir die Welt erst noch lernen müssen. Wir sind Laien. Wir haben keine Ahnung, was wir hier sollen und wie das alles geht. Deshalb brauchen wir Menschen, die uns erklären, wie wir uns nicht schon nach fünf Minuten umbringen, indem wir in eine Steckdose fassen oder einen Abhang runterkrabbeln oder uns eine giftige Schlange in den Mund stecken. Und zum anderen sind wir Anfänger, weil uns Anfänge viel leichter fallen als Enden. Am Anfang ist alles neu und sauber und unverbraucht, es gibt keinen Schimmel in den Fugen und keine Spinnweben. Es gibt keine angedötschten Ecken und keine Kratzer und keine Wiederholungen. Am Anfang kann alles noch alles werden. Es gibt keine Vergänglichkeit. Am Anfang müssen wir uns noch kein schönes Ende ausdenken, für die Dinge, die wir besitzen, für Freundschaften, für Beziehungen oder für Kaninchen.

02:36 Uhr

«Was hamse denn da in der Tasche?», fragt Rubeus, als wir von der Ostseestraße auf die B109 biegen. Er deutet auf meinen Rucksack, der auf meinem Schoß steht und einen leicht säuerlichen Geruch verströmt. Mein Hund schnuppert begierig daran, als wäre er voller Hundekuchen.

«Nichts», sage ich. «Nur ein sehr schmutziges T-Shirt. Wieso ist Ihre Frau eigentlich so streng mit Ihnen?»

Rubeus seufzt.

«Ich glaube», sagt er, «sie will mich verlassen und vorher sichergehen, dass sich die Scheidung finanziell wenigstens ein bisschen lohnt.»

Er lacht. Trotzdem habe ich das ungute Gefühl, dass er das ernst meint.

«Oh», sage ich. Etwas Klügeres fällt mir nicht ein.

Rubeus lacht immer noch.

«Es ist nicht schlimm», sagt er. «Wir sind schließlich schon seit einer halben Ewigkeit zusammen. Irgendwann reicht es vielleicht auch einfach.»

Ich zögere, dann frage ich: «Lieben Sie Ihre Frau denn gar nicht mehr?»

«Doch, natürlich», sagt er. «Sie ist toll. Schön schweigsam.»

Er grinst mich an.

«Jaja, schon gut», sage ich. «Ich mag es ja auch, wenn es still ist. Was meinen Sie, wieso ich unbedingt in den Wald will?»

«Keine Ahnung», sagt Rubeus. «Weil Sie seltsam sind?»

«Ja, vielleicht», sage ich. Wer weiß schon, wieso er will, was er will? Wir sind viel zu sehr mit Wollen beschäftigt, als dass wir uns noch mit dem Warum beschäftigen könnten. Den ganzen Tag lang wollen wir Dinge. Wir wollen in einer großen Stadt wohnen, in der wir nie weit fahren müssen. Wir wollen alle Kneipen direkt vor der Tür haben und alle Supermärkte und Apotheken und Kindergärten und Bäcker und Banken, und trotzdem wollen wir aus dem Fenster gucken und nichts als einen einsamen See im Abendlicht glitzern sehen. Alles soll da sein und nah sein und uns doch nicht berühren, außer, wir wollen berührt werden. Dann aber richtig, mit Fäusten und Handschellen und Peitschen und dem kleinen bisschen Schmerz, der uns den Sinn für Realität zurückgibt. Wir wollen es schwer gehabt haben, damals, aber unser Heute soll leicht sein und unser Morgen ein Fest. Wir wollen einen Hund haben, aber nicht in die Kälte rausmüssen, und Underdogs sein und die Könige der Welt. Wir wollen gewinnen, ohne zu kämpfen. Wir wollen frei sein, aber nicht haltlos. Wir wollen eine Haltung haben und Haltung bewahren. Wir wollen die Wahrheit, aber nicht enttäuscht werden. Wir wollen tolerant sein und das Maß aller Dinge. Und das Mars aller Dinge. Und das Snickers aller Dinge. Wir wollen eine abwechslungsreiche Welt, in der alle genauso denken wie wir. Und sprechen wie wir. Und aussehen wie wir, nur immer ein bisschen hässlicher. Wir wollen einzigartig sein und trotzdem normal. Wir wollen schön sein und trotzdem sympathisch. Wir wollen den Himalaya überwunden haben, ohne vom Sofa aufzustehen, und bescheiden sein, aber keinen Grund dazu haben. Wir wollen Frühstück am, aber keine Krümel im Bett. Wir wollen den Rausch ohne Kater und die Liebe ohne Drama. Wir wollen leben, ohne zu sterben, und ein Anrecht auf Wehmut, ohne etwas zu verlieren. Wir wollen wissen, wieso es war, wie es war, und wir wollen wissen, ob wir wissen wollen, was noch kommt. Wir wollen, dass man uns nicht gibt, was wir verdienen. Wir wollen mehr verdienen als unser Nachbar und trotzdem eine gerechte Welt. Wir wollen recht haben. Wir wollen nicht rechts sein. Wir wollen nicht immer wollen müssen, denn Wollen macht müde. Und manchmal wollen wir eben mitten in der Silvesternacht in den Wald.

«Wissen Sie, wieso ich keine Freunde habe?», frage ich.

«Weil Sie zu viel reden?»

Ich gucke Rubeus an. Er hebt entschuldigend die Hände.

«Sie haben gefragt!», sagt er.

«Hände ans Lenkrad!», sage ich. «Nein, ich hab ein Kaninchen umgebracht.»

«Wessen Kaninchen?»

«Von einer Freundin.»

«Einer guten?»

«Ja, aber keiner sehr guten. Einer von denen, die ich mag, weil wir dieselben Leute mögen.»

«Dann ist es ja nicht ganz so schlimm.»

Ich gucke Rubeus an und sehe, dass er grinst.

«Manchmal habe ich den Eindruck, Sie nehmen meine Probleme nicht ernst», sage ich.

Rubeus biegt auf eine kleine Straße, die in Richtung Wald führt.

«Was ist denn nun passiert?», fragt er.

«Die Freundin ist letzte Woche umgezogen», sage ich. «Und als Dank für die Umzugshilfe hat ihre Mutter eine Torte für all ihre Freunde gebacken. Mit Sahne und Erdbeeren und allem, was dazugehört.»

«Klingt dramatisch», sagt Rubeus.

«Kommt noch», sage ich. «Die Mutter hat nämlich zwei Eigenschaften, die für sich genommen kein Problem sind, mir aber in ihrer Kombination zum Verhängnis wurden: Erstens hat sie einen Hang dazu, sich ihren pinken Nagellack von den Fingern zu knibbeln. Und zweitens ist sie sehr schnell gekränkt. Wir saßen also alle nach stundenlangem Schleppen zwischen Umzugskartons und Regalbrettern und den obligatorischen Last-Minute-Müllsäcken voller Klamotten, und die Mutter überreichte mit ihren abgeknibbelten Fingernägeln jedem ein Kuchenstück. Und ich musste mir die ganze Zeit vorstellen, wie beim Sahneschlagen kleine, pinke Nagellackstückchen in die Schüssel gebröselt waren, die jetzt wie kleine Krokantstückchen in der Torte herumschwimmen würden. Die Mutter wollte aber unbedingt, dass wir ihre Torte loben, also konnte ich auch nicht ablehnen. Aber essen ging auch nicht.»

«Und?»

«Na ja, ich saß halt auf einem Karton neben dem Kaninchenkäfig.»

«Und?»

«Und das Kaninchen mochte Torte. Und hatte kein Problem mit Nagellack.»

«Und?»

«Und dann war es plötzlich tot.»

Rubeus lacht.

Ich fange an zu weinen.

Als Rubeus meine Tränen sieht, tätschelt er meine Schulter und lacht noch lauter.

«Hände ans Lenkrad!», schniefe ich und wische mir die Tränen ab. Rubeus lenkt wieder beidhändig, lacht aber immer noch so sehr, dass das ganze Taxi wackelt.

«Los, weiter», sagt er. «Was ist dann passiert?»

«Ich wollte nicht, dass die anderen es mitkriegen», sage ich. «Also hab ich das Kaninchen heimlich aus dem Käfig geholt und bin ins Bad gegangen.»

«Und dann?»

«Dann hab ich's ins Klo gespült.»

Rubeus fährt rechts ran, weil er vor Lachen die Straße nicht mehr sieht. Als er sich ein bisschen beruhigt hat, fragt er: «Passt so ein Kaninchen überhaupt durchs Abflussrohr?»

Wir wischen uns beide die Tränen ab. Ich schüttele den Kopf. Rubeus starrt mich mit offenem Mund an.

«Also?», fragt er.

«Also hab ich es wieder aus dem Klo gefischt, ausgewrungen und abgetrocknet.»

Rubeus' dröhnendes Lachen schreckt ein paar Vögel auf, die panisch aus einem Baum fliegen.

«Ich hatte keine Tasche dabei und konnte es nicht aus der Wohnung schmuggeln. Also habe ich mein T-Shirt ausgezogen und es darin eingewickelt. Es war ein blaues Katz&Goldt-T-Shirt. Wissen Sie, so eins, auf dem *Wuscheligkeit ist keine Antwort auf die brennenden Fragen unserer Zeit* steht.»

«Wieso erzählen Sie mir das?», fragt Rubeus. «Wollen Sie Komplimente für Ihren Modegeschmack?»

«Kommt noch», sage ich. «Ich hab also meinen Pulli wieder angezogen und bin zurück ins Wohnzimmer, mit der Kaninchen-T-Shirt-Rolle hinter dem Rücken. Ich wollte es wieder in seinen Käfig legen und dann mit gespieltem Entsetzen rufen: ‹Oh Schreck, seht her, das Kaninchen ist tot!›, was ich ja von vorneherein hätte tun sollen. In der Zwischenzeit hatten die anderen aber schon entdeckt, dass es weg war. Der Moment war vorbei.»

Rubeus vergisst vor lauter Begeisterung zu lachen.

«Ah, das kenne ich gut», sagt er.

«Dass Sie ein totes Kaninchen in der Hand haben und nicht wissen, wohin damit?»

«Nein», sagt er. «Dass der Moment vorbei ist. Als ich meiner Frau zum ersten Mal begegnete, habe ich mir ihren Namen nicht gemerkt. Und dann hatten wir plötzlich schon dreimal Sex und der Moment war vorbei, in dem ich sie noch mal nach ihrem Namen hätte fragen können.»

«Krass», sage ich.

«Na ja, das war ja nur die erste Nacht», sagt Rubeus. «Am nächsten Morgen hab ich dann heimlich auf ihren Ausweis geguckt.»

«Sie Romantiker», sage ich. Rubeus grinst.

«Was haben Sie denn nun mit dem Kaninchen angestellt?», fragt er.

«Alle wuselten durch die Wohnung und öffneten Kartons, um es zu finden. Also hab ich mich schnell aufs Sofa gesetzt und das Kaninchen hinter mir in die Sofaritze gequetscht.»

«Nein!», sagt Rubeus mit leuchtenden Augen.

«Doch», sage ich. «Ich dachte, in der Sofaritze sucht niemand nach einem lebendigen Kaninchen.»

«Und?»

«Und ich hatte recht. Niemand hat es gefunden.»

Rubeus lacht wieder.

«Hat sich die Freundin denn gar nicht gewundert, dass es weg war?», fragt er.

«Doch, schon», sage ich. «Aber irgendwie hat sie sich eingeredet, dass es wohl abgehauen sein muss. Menschen nehmen die dümmsten Erklärungen an, wenn sie keine bessere finden. Mein Plan war, zur Einweihungsparty gestern eine große Tasche mitzubringen und darin das Kaninchen rauszuschmuggeln.»

«Aber?»

«Aber gestern hatte die Freundin ein neues Sofa.»

«Sie ist mit ihrem alten Sofa umgezogen, um sich ein paar Tage später ein neues zu kaufen?», fragt Rubeus ungläubig.

«Ich weiß», sage ich. «Effizienz ist nicht ihre Stärke.»

«Aber das ist doch gut», sagt Rubeus. «Wenn das alte Sofa weg ist. Oder nicht?»

«Ja, das dachte ich auch. Bis 20:46 Uhr.»

«Was war um 20:46 Uhr?»

«Die Party hatte gerade angefangen. Alle waren da. Ich hatte der Freundin sogar eine Torte gebacken, ganz ohne Nagellackstückchen.»

«Wie makaber», sagt Rubeus. «Und was ist dann passiert?»

«Dann hat es geklingelt.»

«Und?»

«Und vor der Tür stand der Nachbar von unten.»

«Und?»

«Offenbar war das der Nachbar, der das alte Sofa übernommen hatte.»

Rubeus schlägt die Hände vorm Mund zusammen. Er wäre eine vorzügliche Talkshowmoderatorin.

«Hände ans Lenkrad», sage ich, obwohl wir ja gar nicht mehr fahren.

«Was hat er gesagt?», fragt Rubeus.

«Gar nichts», sage ich. Er hat nur ein Bündel hochgehalten: eine wuschelige Kaninchenleiche, eingewickelt in ein blaues Katz&Goldt-T-Shirt. Und jetzt hassen mich alle.»

«Zu Recht», sagt Rubeus.

«Ja, ich weiß.»

Rubeus schüttelt ungläubig den Kopf. Dann kichert er und schaut mich an.

«Wollten Sie nicht in den Wald?», fragt er und nickt in Richtung Windschutzscheibe. Ich gucke aus dem Fenster. Mir war gar nicht aufgefallen, dass wir längst am Waldrand parken. Ich gebe Rubeus die fünfzig Euro. Dann reiche ich ihm die Hand, die er belustigt schüttelt. Ich glaube, er hält mich auch für einen Freak. Aber wenigstens scheint er es nicht schlimm zu finden.

«Rubeus?», frage ich. «Wie heißen Sie eigentlich wirklich?»

Ich weiß gar nicht, wieso ich seinen Namen wissen will. Vielleicht, weil sich das Gespräch ein bisschen freundschaftlich angefühlt hat.

«François», sagt er. «Und jetzt raus hier, Ihr Kaninchen verpestet mein Taxi.»

Ich nicke, nehme meinen stinkenden Rucksack, lasse den Hund aus dem Wagen springen und steige aus. Das Taxi hupt zweimal zum Abschied, und Rubeus fährt davon. Dann ist es dunkel.

Ich mag den Wald. Er ist friedlich und ruhig, und ich finde nichts darin eklig. Ich habe nie verstanden, wieso sich mein Ekel auf Menschen beschränkt. Wenn ich eine Kaninchenleiche festhalte oder im Wald in den Matsch falle, ist das anschließende Waschen eine Vernunftentscheidung. Aber wenn ich die Hand eines unsympathischen Menschen geschüttelt habe, würde ich meine Hände auch freiwillig in Waldmatsch stecken, um die fremde Hand von mir abzuwaschen. Aus irgendeinem Grund hat es nämlich oft mit Sympathie zu tun, ob ich jemanden eklig finde. Manchmal muss ich nur den Arm eines fremden Menschen auf der Straße streifen, um mir ein Waschbecken herbeizuwünschen, aber ich könnte die Hände all meiner engen Freunde schütteln, ohne meine eigene danach waschen zu müssen. Wobei Letzteres leicht gesagt ist. Ich habe ja gar keine engen Freunde mehr.

Ich laufe einen Waldweg entlang. Mein Hund arbeitet sich laut raschelnd und knackend durch die dunklen Büsche, als bewerbe er sich um einen Orden für den schlechtesten Jagdhund. Als wir eine kleine Lichtung erreichen, hocke ich mich auf den Boden und hole das T-Shirt aus meinem Rucksack. Ich schäle es aus der Plastiktüte und dem Klopapier und lege es neben mir auf den Waldboden. Dann nehme ich den Tortenheber in die Hand und fange an zu graben.

Alle Freunde zu verlieren ist möglicherweise die schlimmste Form des Scheiterns. Meist wird das Scheitern ja mit der Karriere in Verbindung gebracht, aber Freundschaften sind viel schwieriger als Karrieren. Auch wichtiger, aber vor allem schwieriger. In einer Karriere kann man Glück haben und sehr schnell aufsteigen. Aber Freundschaften wachsen nicht schneller, wenn man sie antreibt. Sie brauchen Zeit. Und nach einer Weile bilden sie Ableger, aus denen neue Freundschaften wachsen können. Wenn man aber alle Freundschaften, die man hat, auf einen Schlag tötet, woher sollen dann neue Ableger kommen?

Allmählich wird mir kalt. Der Boden ist gefroren, sodass ich ziemlich sinnlos im Laub herumstochere. Trotzdem hacke ich auf den Waldboden ein, als hätte er es nicht anders verdient. Menschen, denke ich. Was soll ich mit euch? Ich will euch gar nicht. Ich will nicht wissen, wie euer Tag war und wer wann was zu wem gesagt hat. Ich will auch nicht wissen, welche Krankheiten ihr besitzt, will eure Bücher nicht lesen und eure Fernsehshows nicht sehen, eure Streits nicht schlichten und den ekligen letzten Sabberschluck von eurem Bier nicht trinken. Ich will nicht sagen, dass es nett ist, euch kennenzulernen, und dass es ein toller Abend war und dass wir das wirklich bald mal wieder machen sollten. Ich will gar nichts mit euch machen, außer euch ab und zu Kopfnüsse zu geben, weil das so schön hohl klingt. Ich will eure Worte nicht hören, eure Beteuerungen, dass all eure Lügen wahr seien, und ich will den Lügen nicht dabei zusehen, wie sie wahr werden, wenn ihr sie nur oft genug wiederholt. Ich will eure Eltern nicht kennenlernen, eure Eltern, die Schuld an vielem tragen, vor allem aber an euch. Ich will nicht mit euch über Filme reden, weil ihr ja sowieso immer das Ende verratet. Ich will keine Nacht zum Tag machen mit euch, ich will, dass ihr mich schlafen lasst. Ich will euer Herz nicht stehlen und nicht brechen, euer Herz ist mir egal. Ich will keine küssbaren Lippen sehen und keine zufälligen Berührungen, ich will kein Kribbeln im Bauch und keine Hoffnung, es könne Ausnahmen geben in der Masse der Dummheit. Ich will nicht verlassen und vergessen werden. Ich will kein nachlassender Schmerz sein und nicht eine von vielen, die irgendwann mal wichtig waren, aber so wichtig nun auch wieder nicht. Ich will nicht allein sein und nicht sozial. Oder doch: Ich will sozial sein, aber nicht, wenn das bedeutet, dass ich mit Menschen zu tun haben muss. Denn Menschen sind dumm, und Menschen sind viele, immer sind sie viele, auf der Straße und in ihren eigenen Köpfen, ganze Völker sind sie, und je mehr sie sind, desto dümmer werden sie, und ich verstehe sie nicht, und ich mag sie nicht, und ich vertraue ihnen nicht, und doch bin ich eine von ihnen, ob ich will oder nicht.

Ich muss ganz schön bescheuert aussehen mit meinem Tortenheber und meiner Kaninchen-T-Shirt-Rolle auf dem Waldboden. Was würden wohl Max Goldt und Stephan Katz denken, wenn sie wüssten, was ich mit ihrem T-Shirt anstelle? Und was würde wohl das Kaninchen denken, wenn es wüsste, dass ich es ausgerechnet mit einem Tortenheber begrabe? Nach einer halben Stunde ist Letzterer hoffnungslos verbogen, aber dafür habe ich den Waldboden immerhin davon überzeugt, mir eine kleine Kuhle als Kaninchengrab zu gewähren.

Doch als ich neben mich greife, ist das T-Shirt weg. Ich rufe meinen Hund, der das Bündel gerade in die Büsche schleppen wollte und es mir nun resigniert zurückbringt. Er lässt es direkt in die Kuhle fallen, sodass ich nur noch das Loch zuschaufeln muss. Braver Hund. Ich klopfe die Erde fest und betrachte mein Werk. Irgendwas fehlt. Aber inzwischen friere ich so sehr, dass ich nicht mehr darüber nachdenken will. Mit eisigen Fingern stecke ich den Tortenheber und die Plastiktüte zurück in den Rucksack und mache mich auf den Heimweg.

Immer, wenn ich im Wald bin, denke ich, dass ich auch ganz gut ohne Menschen auskommen würde. Und ohne die Stadt. Ich brauche ja nichts. Nur einen kleinen Flecken in der Natur, an dem es schön ist. An einem See vielleicht, dem ich im Abendlicht beim Glitzern zugucken kann. Natürlich sollte der Fleck eingezäunt sein, damit mich niemand stört und mir nicht zufällig ein Kaninchen ins Blickfeld gehopst kommt. Und einen Stuhl sollte es geben, damit ich nicht den ganzen Tag auf dem Boden sitzen muss. Vielleicht einen mit Getränkehalter. Dann bräuchte ich natürlich noch das passende Getränk dazu, das im Winter warm und im Sommer eisgekühlt sein sollte. Ein Herd und ein Kühlschrank müssen also auch da sein. Dafür brauche ich Strom. Und wenn ich Strom habe, kann ich auch gleich eine Heizung einbauen, damit ich im Winter nicht friere. Dazu müssen aber erst mal ein Dach und vier Wände her, sonst ist das ganze Geheize ja nicht ökologisch. Ein Haus also, das doch zumindest ein kleines Badezimmer haben sollte und eine Küche. Dazu brauche ich aber andere Menschen, denn ein Haus kann ich nicht alleine bauen. Und weil in Häusern ja immer mal Dinge kaputtgehen, sollte ich vielleicht noch ein Telefon und Internet haben, um zur Not den Handwerker rufen zu können oder einen Arzt oder den Pizzalieferservice. Die sollten natürlich alle zumindest halbwegs in der Nähe sein, sonst wird ja die Pizza kalt, bevor sie bei mir ist. Vielleicht wollen sogar ein paar Menschen in der Nähe wohnen, schließlich ist es schön am See. Einige könnten Bars eröffnen oder Supermärkte oder Spätis. Und damit wir gut von einem Ort an den anderen kommen, sollten wir Wege und Straßen bauen, die wir dann pflastern und mit Schienen versehen. Dazu brauchen wir aber noch mehr Menschen, die auch alle wieder Häuser bauen wollen. Und die dann Kinder kriegen, die wachsen, bis sie erwachsen sind, und schließlich in ihre eigenen vier Wände ziehen. Dann wird es schnell so voll, dass mir die vielen Häuser die Sicht auf meinen See versperren. Und die vielen Menschen die Sicht auf meine Einsamkeit. Und dann muss ich Rubeus wieder fünfzig Euro geben, damit er mich aus der neuen Stadt heraus und zu einem anderen Flecken in der Natur fährt, an dem alles von vorne anfängt.

03:40 Uhr

Als ich aus dem Wald komme, laufe ich in die Richtung, in der ich den S-Bahnhof vermute. Ich will nach Hause, egal, wie viele Fremde gerade meine Wohnung belagern.

Wenn ich in der Natur war, fühle ich mich immer sauber und dreckig zugleich. Der ganze menschliche Schmutz ist aus mir herausgespült und durch klare, frisch photosynthetisierte Luft ersetzt worden. Meine Augen sind wieder auf Grün geeicht. Die Vögel haben mit ihren Schnäbeln meine Gehörgänge besser gereinigt, als es ein Wattestäbchen jemals könnte. Sogar das Innere meines Kopfes hat jemand gefegt und gelüftet und die dreckigen Socken aus dem Abwasch gefischt. Ich bin wieder eins mit der Welt und fest davon überzeugt, dass kaum etwas anderes meine Berufung sein könnte, als in einem weißen Sommerkleid über Blumenwiesen zu hüpfen.

Und zugleich ist plötzlich alles an mir braun. Meine Hände sind braun, meine Füße sind braun, mein Gesicht ist braun. Ich weiß nicht, was mit mir passiert, wenn ich in der Natur bin. Diesmal habe ich ja wenigstens eine Leiche begraben, aber auch, wenn ich nur einen gemütlichen Waldspaziergang mache, sehe ich danach aus, als hätte ich mich von Pfütze zu Pfütze gesuhlt.

Ich steige in die S-Bahn ein und lasse mich auf einen Klappsitz im Fahrradabteil fallen. Mein Hund setzt sich zu meinen Füßen und legt seinen Kopf auf meinen Oberschenkel. Sofort klebt er an meiner Strumpfhose fest. Also nicht der Hund, sondern sein Fell. Ich weiß nicht, wie er das macht. Manchmal glaube ich, er muss nur an die Strumpfhose denken, und schon ist sie voller Haare. Und egal, wie viel Fell er verliert, es bleibt immer welches übrig. Mein Hund wäre das beste Schaf der Welt.

Außer meinem Hund und mir sitzen noch eine Gruppe betrunkener Touristen, eine vor sich hin murmelnde Frau und ein junges Pärchen in der Bahn. Alle gucken auf meine Beine. Die Strumpfhose ist hautfarben. Es sieht also aus, als würden mir sehr lange schwarze Haare aus den Beinen wachsen. Und weiße, denn mein Hund ist ein Dalmatiner. Meine ausufernde Behaarung scheint einer Erklärung zu bedürfen. Also sage ich in die Runde: «Ich hatte dieses Jahr noch keine Zeit, mir die Beine zu rasieren.»

Unser Schönheitsideal ist schon ein bisschen lustig. Der Körper einer Frau muss zu jeder Zeit aussehen wie der eines Nacktmulls. Eines sehr schlanken Nacktmulls natürlich, sonst ist das Ideal auch wieder nicht zufrieden. Je eckiger die Frau, desto leichter sind ihre letzten beiden Rundungen zu würdigen.

Immer, wenn Ulf und ich über Schlankheitswahn sprechen, sagt er: «Wenn hier jemand dick wird, dann ich. Guck mal, eine Speckrolle!»

Dann schiebt er alles, was er an Haut besitzt, von den Beinen hoch und vom Hals nach unten und vom Rücken nach vorne, bis sich an seinem Bauch tatsächlich so etwas wie ein kleines Röllchen formt, das aussieht wie ein einziger Spaghetto. Ich will ihn dann immer in den Arm nehmen, greife aber jedes Mal daneben, weil er so dünn ist. Er erinnert mich an eine Frau mit zwei sehr dicken Zehen, die ich mal gesehen habe. Die trug ein Korsett, das den ganzen Speck aus dem Bauch in den Hintern presste, und weil sie dann ihren Hintern zu dick fand, trug sie sehr enge Leggings, die den Speck in ihre Füße schoben. Und da sie dadurch nicht mehr richtig laufen konnte, zog sie sich Sandalen an, die das ganze Fleisch in ihre dicken Zehen bugsierten. Wenn man Ulf und diese Frau verschmelzen würde, bekäme man vielleicht einen normalen Menschen. Wir haben uns mal am Bahnhof verabredet und drei Züge verpasst, weil ich Ulf hinter dem Laternenpfahl, an den er sich gelehnt hatte, nicht gesehen habe. Wenn er dick ist, dann sind alle anderen Menschen Ballons.

Ich gucke aus dem S-Bahn-Fenster. Wir sind schon wieder in Berlin. Gedankenverloren fange ich an, die Hundehaare aus meiner Strumpfhose zu zupfen. Der gesamte Waggon verzieht gequält das Gesicht. Wahrscheinlich sieht es aus wie eine sehr schmerzhafte Form der Beinenthaarung.

Die Bahn hält an. Ein älteres Paar steigt ein und setzt sich mir gegenüber. Der alte Mann weint. Ganz still sitzt er da und lässt stumme Tränen über seine Wangen rinnen. Sofort fange ich auch an zu weinen. Aber ich weine besser.

Ich schluchze und schniefe, bis mich die alte Frau endlich fragt, was los sei und ob sie mir helfen könne.

«Ich kann alte Leute nicht weinen sehen», sage ich. «Wenn Kinder weinen, nimmt man sie in den Arm und pustet und sagt, dass alles wieder gut wird. Aber was man eigentlich denkt ist: ‹Hör auf zu heulen, du kleines Ding. Du denkst, das tut weh? Das ist nichts gegen das, was noch kommt. Ich weiß das besser als du. Die Welt mag ja scheiße sein, aber nicht, weil du dir gerade die Knie aufgeschürft hast.› Aber wenn ich alte Menschen weinen sehe, beschleicht mich immer der Verdacht, dass sie es besser wissen als ich. Dass alles immer schlimmer werden wird. Dass die Endlichkeit unseres Seins und die Unendlichkeit unserer Dummheit nichts ist, womit man sich irgendwann abfindet. Am Ende steht die Verzweiflung, gemeißelt in denselben Stein, aus dem auch die Unumkehrbarkeit vergangener Taten und die Sinnlosigkeit von Nostalgie bestehen. Wenn alte Menschen weinen, hilft auch kein Pusten.»

Die Frau lacht.

«Ach so, wenn's nur das ist», sagt sie. «Ich dachte schon, es wär was Schlimmes.»

«Vielleicht», sage ich, «werden wir ja kurz vor unserer Geburt mit Kleber bepinselt, sodass jeder Moment an uns haften bleibt. Vor allem die unangenehmen und irgendwie ekligen Momente kleben sehr gut und sind nicht leicht loszuwerden, es sei denn, man scheut sich nicht, beim

Abreißen des Moments einen Fetzen Haut mit abzureißen. Aber wenn man das tut, bleibt der nächste Moment direkt auf dem nackten Fleisch kleben, und das tut weh und blutet und sieht nicht schön aus.»

Die alte Frau lacht noch lauter.

«Was ist denn so lustig?», frage ich.

«Nichts», sagt sie. «Ich dachte nur, wenn mein Mann weint, sollte ich lachen, um Ihnen wieder ein bisschen Hoffnung zu geben. Außerdem heult er vor Freude, weil wir es beide geschafft haben, noch ein neues Jahr zu erleben. So schlimm ist es also alles nicht.»

«Oh», sage ich und wische meine Tränen ab.

Der Mann schnieft noch ein wenig. Er nimmt die Hand seiner Frau und lächelt mich mit feuchtem Blick an.

«Wir wünschen uns schon seit Jahren zu Silvester immer ein frohes letztes Jahr», sagt er.

Mir kommen schon wieder die Tränen. Das ist alles so traurig. Enden schaffen es einfach nicht, fröhlich zu sein. Sogar, wenn sie fröhlich sind, sind sie traurig, weil sie ja Enden sind. Armes altes Paar. Und armes totes Kaninchen. Verendet an meiner Höflichkeit. Ich bin so ein schlechter Mensch, ich würde auch nicht meine Freundin sein wollen. Obwohl das ein cooler Spruch für einen Grabstein wäre: «Hier liegt ein Kaninchen. Es ist aus Höflichkeit gestorben.»

Jetzt weiß ich auch, was dem Kaninchengrab fehlt. Vielleicht reden meine Freunde ja wieder mit mir, wenn ich ihm so einen Grabstein mache. Ich nehme mir vor, es wenigstens zu versuchen. Traurig winke ich dem glücklichen alten Paar zum Abschied und steige aus der Bahn aus. Endlich habe ich einen Vorsatz fürs neue Jahr: beim Steinmetz einen Kaninchengrabstein bestellen.

Scheitern am Scheitern

Die Klassenbeste, die Perfektion und die Weltherrschaft

Manchmal denke ich über die Weltherrschaft nach. Besäße ich sie, könnte ich Leuten befehlen, ihre Hände öfter zu waschen, ihren Nagellack nicht abzuknibbeln und allgemein unekliger zu sein. Das würde das Leben für niemanden außer für mich besser machen, aber ich würde mir im Gegenzug Mühe geben, auch gute Entscheidungen für die anderen zu treffen. Ich glaube, ich wäre eine gute Chefin. Menschen wissen ja nie, was gut für sie ist und was sie tun sollen. Solange es nicht mich selbst betrifft, habe ich auf jede Frage eine Antwort:

Wen soll ich hassen? Mein Vorschlag: Mehrheiten. Hasst Mehrheiten. Die Minderheiten sind doch langsam durch. Und für einige ist es sowieso einfach: Es gibt ja mehr Frauen als Männer, also kann man in Ruhe weiter Frauen hassen.

Wen soll ich küssen? Nur Menschen, die keine Energydrinks mögen. Energydrinks stinken und werden in hässlichen Dosen verkauft.

Wen soll ich feuern? Veranstaltet mit der gesamten Belegschaft ein Solitär-Turnier, und wer gewinnt, wird gefeuert. Niemand spielt gut Solitär, der nicht den Großteil des Arbeitstages übt.

Was soll ich studieren? Angewandte Freizeitwissenschaft. Keine Ahnung, was man da lernt. Wahrscheinlich Tischtennis, Slackline und Biertrinken.

Wen soll ich lieben? Euch selbst natürlich. In sich selbst verliebt zu sein ist schön. Wenn ihr einsam auf eurem Sofa sitzt, könnt ihr einfach zwei Telefone in die Hand nehmen und euch selbst anrufen.

Alles wäre so einfach, wenn die Leute auf mich hören würden. Und ich würde wirklich versuchen, die Welt zu einem besseren Ort zu machen. Ich war vor kurzem in einem öffentlichen Toilettenhäuschen, wie sie auf manchen Bürgersteigen zu finden sind. An der Klotür hing von innen ein Schild, auf dem stand: «Bitte verlassen Sie die Toilette so, wie Sie sie gerne vorfinden würden.»

Also habe ich mich umgesehen, auf die sich überlagernden Bremsspuren in der Kloschüssel, die kleinen Sprenkel ausgedrückter Eiterpickel auf dem Spiegel und die drei betrunkenen spanischen Touristen, die ohnmächtig auf dem Boden lagen, und gedacht: Gut, wenn mich das Schild so höflich bittet! Dann habe ich das Klo geputzt, den Eiter gleichmäßig über den Spiegel verteilt, die Wände gestrichen, die drei Spanier auf die Straße gesetzt und ein paar stimmungsaufhellende Topfpflanzen in die Ecken gestellt – ich habe für solche Fälle immer Topfpflanzen dabei –, und anschließend bin ich rausgegangen und musste an diesen abgegriffenen Spruch denken, den neunjährige Pseudophilosophen gerne in Poesiealben schreiben: «Bitte verlasse die Welt so, wie du sie gerne vorfinden würdest.» Ich weiß, das ist ein sehr dummer Satz, aber das ist der mit der Toilette auch. Weil nie jemand auf ihn hört. Aber vielleicht sollten wir auf ihn hören. Vielleicht sollten wir die Welt so machen, wie wir sie gerne vorgefunden hätten. Wenn man mir die Weltherrschaft gäbe, wären dies meine ersten Anordnungen:

1. Alle, die ein Land ohne Flüchtlinge haben wollen, sollen sich einen Quadratmeter Wiese kaufen, den sie einzäunen können.
2. Alle Menschen, die zum ersten Mal nackt zusammen im Bett landen, müssen einander ihre hässlichsten Körperstellen zeigen. Wer einmal Warzenbingo miteinander gespielt hat, trennt sich so schnell nicht wieder.
3. Obolus soll ab sofort das römische Alter Ego von Obelix sein.
4. Im Kino sollen die Preisklassenbezeichnungen «Loge» und «Parkett» abgeschafft werden. Das klingt beides so teuer, dass sich nie jemand den Unterschied merken kann. Die Preiskategorien sollen ab sofort «Loge» und «Laminat» heißen.

5. Wer sich als alte Schulfreundin auf einer Silvesterparty einschleust, ist gesetzlich verpflichtet, freundlich zur Gastgeberin zu sein.
6. Den Kaninchen dieser Welt ist es ab sofort untersagt, Katz&Goldt-T-Shirts zu tragen.
7. Wir sollten den Toilettenhäuschen ihren freien Willen zurückgeben. Sie also nicht zurücklassen, wie wir sie gerne vorfinden würden, sondern so, wie sie von selbst immer wieder werden und ja offensichtlich sein wollen: schmutzig, eitrig und gefliest mit betrunkenen Touristen.

Aber mir gibt ja niemand die Weltherrschaft. Und eigentlich will ich sie auch gar nicht haben. Sie gilt als Maximum des Erreichbaren, als Gipfel des Erfolgs. Sie ist so viel Gewinn, dass alle anderen Gewinne neidisch auf sie sind. Aber warum sollte jemand wirklich die Welt beherrschen wollen? Wer alles kontrolliert, muss ja ständig alles kontrollieren. Das wäre mir viel zu anstrengend. Was meine Allmachtsphantasien zügelt, ist weniger Vernunft oder Moral als Faulheit. Ich hätte einfach keine Lust, ständig herrschen zu müssen. Mich stresst ja schon die Verantwortung für die Dinge, die ich besitze. Fünfzig Quadratmeter voller Gegenstände, das ist mir Herrschaft genug. Was soll ich denn da mit einer ganzen Welt voller Menschen? Die wollen ja immer irgendwas oder gehen kaputt, und man muss sie reparieren. Oder sie sind sauer, weil man ihr Kaninchen mit Torte gefüttert hat. Geh mir weg mit Weltherrschaft.

04:35 Uhr

Ich schließe die Wohnungstür auf. Alles ist still. Nur ein leises Klimpern kommt aus der Küche. Mein Hund läuft ins Wohnzimmer, wo er sich in seinem Körbchen einrollt, als gedenke er frühestens in drei Tagen wieder aufzustehen. Ich ziehe meine Jacke aus und gucke ins Schlafzimmer. Julia und der Kassierer liegen nackt in unserem Bett. Alles ist mit Make-up vollgeschmiert. Im Wohnzimmer schläft das glückliche Pärchen auf dem Sofa. Friedlich lehnt es an Ers Schulter, die sich wiederum an Sie gekuschelt hat. Popeye läuft in schläfriger Trance durch die Wohnung und sammelt Bierflaschen ein, von denen sie sich wohl bald am Pfandflaschenautomaten verabschieden wird. Viel ist leider nicht zu holen, weil wir alle hauptsächlich Spinatcocktail und Wodka getrunken haben.

Ich lehne mich an den Türrahmen, um das sich mir bietende Bild zu würdigen. So muss es Müttern gehen. Zumindest sehr lieblosen Müttern, die kaum etwas für ihre Kinder fühlen, sie aber immerhin ein bisschen putzig finden. Na gut, blöder Vergleich. So geht es also Menschen, die nach einem nächtlichen Ausflug nach Hause kommen und feststellen, dass ihre fremden Silvestergäste weder ihre Wohnung ausgeräumt noch einanders Köpfe eingeschlagen haben. Das ist nicht ganz so bedeutend, aber immer noch ein schönes Gefühl. Schade nur, dass ich nie wieder in unserem Bett werde schlafen können, bei den Tonnen Make-up, in die es getunkt wurde. Aber ich muss wohl damit klarkommen, dass andere Menschen keine Rücksicht auf meinen inneren Monk nehmen. Warum auch? Sie wissen ja gar nicht, dass er existiert.

Plötzlich steht Doctor Who vor mir und grinst mich an. Über seiner Schulter hängt ein Spültuch. Offenbar hat er den ganzen Abwasch gemacht.

«Wo warstu?», fragt er und lässt seinen Blick über meine braunen Hände und meine haarigen Beine schweifen. Ich folge ihm in die Küche, die fast so sehr glänzt wie die in ihrem blauen Ballkleid am Küchentisch sitzende Popeye.

«Im Wald», sage ich. «Ich musste eine Leiche verscharren.»

Ich ignoriere seinen erstaunten Blick, setze mich zu Popeye an den Tisch und nippe am Spinatcocktail, den sie mir vor die Nase stellt. Dann lege ich meine Stirn auf die Tischplatte, schließe die Augen und denke über diese Nacht nach. Sie war lang und gar nicht so schlecht, wie sie hätte werden können. Aber allmählich darf sie vorbei sein. Ich will schlafen. Vielleicht wachen wir ja morgen in einer Welt auf, in der alles existiert, nur das Scheitern nicht. In dieser Welt wird der Kassierer Julia sagen, dass sie einzigartig ist. Nicht perfekt, aber einzigartig. Julia wird darauf antworten, dass sie eine Rechts-links-Schwäche hat und ihr die politische Gesinnung seiner Eltern deshalb egal ist. Sie werden Kinder kriegen, die nur geboren werden, weil sich ihre Eltern auf meiner Party kennengelernt haben. Deshalb werde ich Patentante sein dürfen und den Kindern später erzählen können, dass es sie bloß gibt, weil einst ein süßes, wuscheliges Kaninchen für sie gestorben ist. Er, Sie und das frischverliebte Pärchen werden Frieden schließen, vereint im Hass auf Julia und den Kassierer, weil diese nun ein noch frischer verliebtes Pärchen sind. Popeye und Doctor Who werden so viel Spinatcocktail trinken, dass sie stark genug sind, um allen Sexismus und Rassismus der Welt zu besiegen. In ihrem nächsten Film wird Popeye eine Kellnerin spielen dürfen. Und dann werden wir alle in den Wald ziehen. Rubeus und seine Frau werden für die in der Silvesternacht verdienten dreihundert Euro einen Glühweinstand kaufen und sich damit auf eine Lichtung stellen, damit wir uns das Leben interessant trinken können. Daneben werden die Rolling Stones stehen und *You can always get what you want* singen. Mein innerer Monk wird auf der Lichtung tanzen und jede Hand schütteln, die ihm gereicht wird. Meine Freunde werden auf einer Wiese zwei Fußballtore bauen und mich fragen, ob ich mitspielen will. Und dann werde ich die schlechteste Profi-Fußballerin der Welt sein, weil ich so froh sein werde, wieder Freunde zu haben, dass ich lieber den anderen zum Sieg verhelfe als selbst zu gewinnen. Ulf wird mit einem fliegenden Auto ankommen, weil er das Fußballfeld mit einem analogen *Rocket-League*-Stadion verwechselt. Er wird mit dem Auto ein Tor schießen, der Ball wird explodieren, und seine Großtante wird mit gut geputzten Schuhen und glitzernden Augenbrauen auf einem Baumstumpf sitzen und das Kaninchen mit Spinatmuffins füttern. Wuscheligkeit wird endlich zur einzig richtigen Antwort auf die brennenden Fragen unserer Zeit gekürt werden. Und die ganze Welt wird sehr hübsch sein. Ausgesprochen hübsch. Ob man es sieht oder nicht.

So könnte es sein. Aber natürlich wird das Kaninchen morgen immer noch tot sein, ich freundelos und die Stones sehr alt. Das Scheitern lässt sich nicht einfach ausschalten. Und vielleicht ist es unsinnig, daran zu verzweifeln. Man schafft es ohnehin nicht, ihm zu entfliehen. Das Problem am Erfolg ist: Er ist nie absolut. Die Perfektion bezieht sich immer nur auf einen Ausschnitt der Welt.

Vor ein paar Monaten habe ich mal das Kind meiner Freunde von der Schule abgeholt. Während ich wartete, kam ein kleines Mädchen aus dem Schulgebäude und lief seinem Vater in die Arme.

«Papa, ich bin Klassenbeste im Buchstabieren!», rief es.

Der Vater wirbelte das Mädchen durch die Luft, setzte es wieder ab und sagte: «Krass. Meine Tochter! Du bist also besser als alle anderen in deiner Klasse. Toll. Aber was ist mit deiner Parallelklasse? Bist du auch besser als die? Ich meine, kann ja sein, dass du einfach nur zufällig in einer sehr dummen Klasse gelandet bist. Und wieso vergleichst du dich überhaupt nur mit Gleichaltrigen? Reicht es dir wirklich, für dein Alter ganz okay zu sein? Und was wäre wohl, wenn es keine reine Mädchenschule wäre? Vielleicht hätten dich ja die Jungs im Buchstabieren plattgemacht. Trittst du nicht die Emanzipation mit Füßen, wenn du dich damit begnügst, für ein Mädchen nicht schlecht zu sein? Und hast du deine Lehrerin mal gefragt, wie die vergangenen Jahrgänge in der vierten Klasse abgeschnitten haben? Was wäre deine Leistung noch wert, wenn sie schon vor zwanzig Jahren getoppt worden wäre? Außerdem magst du ja im Buchstabieren ganz gut sein, aber was ist mit Rechnen? Oder Malen? Ich habe mir das Bild angeguckt, das du gestern mit nach Hause gebracht hast. Das war der hässlichste Regenbogen, den ich je gesehen habe! Was für eine einfache und bequeme Haltung zu den Dingen ist es denn, dich nur mit einer von dir ausgewählten Gruppe zu vergleichen, in einer Disziplin, die dir liegt? Wirklich, Clara, beim nächsten Mal strengst du dich aber ein bisschen mehr an!»

Das Mädchen schaute seinen Vater an.

«Papa, hast du mich eigentlich lieb?», fragte es.

«Natürlich», sagte er. «Mehr als alles andere auf der Welt.»

«Krass», sagte das Mädchen. «Mehr als alles andere auf der Welt also. Aber was ist mit den Dingen, die nicht auf der Welt sind, aber vielleicht mal waren oder sein werden? Hast du die lieber als mich? Und überhaupt, wieso nur alles auf der Welt? Was für eine einfache und bequeme Haltung zu den Dingen ist es denn, zu glauben, dass die Welt, wie wir sie definieren, alles umfasst, was sein darf? Und wieso ist viel Liebe überhaupt besser als wenig Liebe? Müsste nicht bei der Liebe von allen Dingen die Qualität wichtiger sein als die Quantität? Wirklich, Papa, beim nächsten Mal strengst du dich aber ein bisschen mehr an!»

Dann taten die beiden, was Väter und Töchter am Ende einer jeden Geschichte tun sollten: Sie liefen Hand in Hand in den Sonnenuntergang. Das ist natürlich nicht wahr, schließlich war es zwölf Uhr mittags und weit und breit kein Sonnenuntergang in Sicht. Aber es ist trotzdem ein schönes Bild.

«Ich wollte ja nur anmerken», sagte der Vater im Weggehen, «dass da noch Luft nach oben ist.»

«Schon klar», sagte das Mädchen. «Aber Luft nach oben gibt es immer, Papa. Das ist nicht schlimm. Die Schwerkraft bewahrt uns ja davor, in den Himmel zu fallen. Sorgen sollten wir uns erst machen, wenn es Luft nach unten gibt.»

Tausend Dank an:

Daniel, meine Mutter, Clara, Elis, Jan, Steffi, Aidin, Leif, Marc-Uwe

Alle Live-Termine von Sarah Bosetti:

www.sarahbosetti.com/termine
facebook.com/bosettisarah

Das für dieses Buch verwendete Papier ist FSC®-zertifiziert.